名师名校名校长

凝聚名师共识
回应名师关怀
打造名师品牌
培育名师群体

程红兵题

名师名校名校长书系

"五立"雁文化
育人模式下的班级建设新探

—— 刘窗洲 / 著

东北师范大学出版社

长 春

图书在版编目（CIP）数据

"五立"雁文化育人模式下的班级建设新探 / 刘窗
洲著. — 长春 : 东北师范大学出版社, 2019.5
　　ISBN 978-7-5681-5838-1

　　Ⅰ.①五… Ⅱ.①刘… Ⅲ.①中学—班级—学校管理
—研究 Ⅳ.①G632.421

中国版本图书馆CIP数据核字（2019）第095806号

□策划创意：刘　鹏

□责任编辑：谷　迪　刘贝贝　　□封面设计：姜　龙

□责任校对：刘彦妮　张小娅　　□责任印制：张允豪

东北师范大学出版社出版发行

长春净月经济开发区金宝街 118 号（邮政编码：130117）

电话：0431-84568115

网址：http://www.nenup.com

北京言之凿文化发展有限公司设计部制版

廊坊市金朗印刷有限公司印装

廊坊市广阳区廊万路 18 号（邮编：065000）

2022年6月第1版　　2022年6月第1次印刷

幅面尺寸：170mm×240mm　印张：14.75　字数：242千

定价：45.00元

回首20多年的班主任工作与学习历程，深感弥足珍贵，倍感生命真实。孔子曰："知之者不如好之者，好之者不如乐之者。"我属于"乐之"派。我比较认同"为了每一位学生的健康成长"是班主任工作最重要的目标和责任这一说法。班主任作为一个班集体最直接的教育管理者和引领者，在学生全面发展的成长中有着举足轻重的作用。

因此，班主任必须树立"一切为了学生，为了一切学生，为了学生的一切"的思想，始终本着为国家和社会负责的态度，为学校负责的态度，为家长负责的态度，为学生未来负责的态度，全身心地投入到班级建设工作之中，努力为每一名学生创建一个学习、生活、交往的良好环境，认真传授科学与文化知识，做学生的贴心人和人生导师，引导学生们健康成长，做"影响学生一辈子的好班主任"。

但是，班级建设与管理永远是一个充满矛盾、问题和挑战的过程。班主任要达成班级工作的目标和任务，要解决班级工作中不断出现的新问题、新矛盾，就必须不断地创新工作思路，实施新的工作措施，赋予班级管理新的内涵和智慧。只有与时俱进、不断开拓，才能真正享受工作的幸福，释放生命的光彩。正如歌德所言："不断变革创新，就会充满青春活力；否则，就可能会变得僵化。"

可是，班级工作如何创新呢？班级建设是学校建设的基础，其目的之一就是让学生学会自律、自育、自爱、自强，最终形成班级文化；班级建设的目标是把班级制度内化为所有师生的日常习惯，把制度化的"文字"公约变为师生自省、自主、自觉、自信的"心灵"公约，共同营造和谐的学习与生活氛围和共同奋斗的愿景，让班级文化使全班拥有强大的凝聚力。

　　我时常与班主任们分享班级经营的理念，纵观横览，我将目前班主任的工作状态分为三个境界。第一个境界是管形；第二个境界是聚心；第三个境界是牵魂。普遍认为班主任工作思路是金字塔式结构，先做好塔基的管形，再做好塔身的聚心，最后做好塔尖牵魂。但我认为，这种工作思路存在弊病，因为亲眼看见太多的班主任抱怨日常班级管形太烦琐，而且效果欠佳。我建议应该用逆向思维去创新做法，也就是金字塔式结构的塔基应该是牵魂，塔身是聚心，塔尖是管形。先做好塔基的牵魂，再做好塔身的聚心，最后做好塔尖的管形。这样的逆向思维创新做法才是事半功倍、立竿见影的科学的方式，符合团队心理学理念，20多年的班主任工作与学习历程的实践与实效也印证了这一观点。

　　有一天，我们工作室的伙伴们谈起一个话题——"雁阵效应"。雁群的飞行阵势充满了生命智慧。长途迁徙是一场艰辛的旅程，需要讲求高效率。因此，雁阵在飞行的过程中或排成"一"字，或排成"人"字斜阵。作为领头雁的大雁会一马当先，猛烈地扇动翅膀，从而在翅膀下方形成一个相对真空的环境，即产生"尾涡气动力"，大大减少跟在后面的大雁飞行的阻力。以此类推，雁阵中的大雁都能相继借助这股力量，让飞行变得轻松且高效。一段时间后，它们交换左右位置，让另一侧的羽翼也能借助空气中的动力缓解疲劳。同时，在雁阵中领头雁是不断轮换的。这意味着在这个"团队"中，每一只大雁都能借助前一只大雁的力量。科学家的风动实验表明，雁阵成群飞行时的速度是单只大雁飞行速度的1.71倍。管理学家将这一原理运用于管理学研究之中，形象地称之为"雁阵效应"。它为组织管理带来诸多启示：大雁团队唯有具备团结协作的精神，才能完成长途生命迁徙。雁阵如此，班级建设亦如此，唯有顽强拼搏、团结协作才能带领全班同学走得更远，走得更好。

　　一个班级犹如一群大雁，唯有目标一致，团结合作方能实现共赢发展。受"雁阵效应"的启示，我们结合中华民族优秀传统文化与新时代人才培养目标的要求，经过长时间的酝酿，在许多领导、专家、伙伴们的鼓励和智慧碰撞下，我们工作室提出了"五立"雁文化育人模式。所谓"五立"包括以下方面：

　　"立德"：培养学生良好的个性品格，它是育人的根本。自古以来，大雁被人们赋予禽中之冠的美誉，更被视为"五常俱全"的灵物，大雁有仁心、有情义、有秩序、有智慧、有诚信的品质，一直以来为人们所称道。

"立人"：培养学生应有的合作精神与社会担当，它是育人的目标。包括忠诚度、分担度、弘毅度、互助度、鼓励度等优秀品质。

"立向"：培养学生拥有正确的理想信念，是育人的方向。包括目标力、沟通力、领导力、执行力、分合力。

"立美"：培养学生感受美、欣赏美、创造美的能力，是新时代对育人提出的素养要求。包括心灵美、人格美、健体美、雅艺美、创意美。

"立业"：培养学生良好的生涯规划能力、社会生活技能与社会适应能力，是育人的旨归。包括能乐业、能勤业、能专业、能创业、能建业。

经过一段时间的工作室成员与学员的"五立"雁文化育人模式带班实践，我们发现班级有了班魂。因为班级文化就是一个班级的灵魂，是每个班级所特有的。它具有自我调节、自我约束的功能。班级文化涉及与班级有关的各类人群，既包括我们以往比较关注的学生与学生之间的关系、教师与学生之间的关系，也包括我们容易忽略的教师之间及教师与家长之间的关系。而教师与教师之间是合力的关系，教师与家长之间是互补的关系。

一个班级是否具有教育气息，是衡量这个班级优劣的重要标准。在一个窗明几净，富有浓厚文化氛围的班级中，全体学生会自发地形成一股浓郁的学习风气，学习和掌握丰富的现代科学文化知识；勇于探索，勇于创新，勇于合作，勇于竞争，热爱生活，热爱友谊，热爱劳动，热爱科学；学会发现美，欣赏美，创造美，真诚地与同学和老师相处，积极地参与社会公益活动，促进并加快学生的社会化。同时，学生的道德情操也得到了陶冶。

在"五立"雁文化基本理念的引领下，我们工作室在班级建设上进行了大胆的创新探索。本书主要阐述和展示了倾力于研究班级文化建设的雁阵模式，致力于研究激励教育与理想教育的雁鸣讲坛，发力于研究诚信教育的雁信主张，主力于研究主题班会课的雁涵平台，着力于培育学生健康竞争心理的雁心悦人，通力于研究家校协同教育的雁行团队，注力于研究生涯规划教育的雁翔课程，助力于研究生命教育的雁锦体验等方面的特色研究成果。应该说，"五立"雁文化的班级建设通过加强文化之间的互动，潜移默化地使学生主动接受文化的熏陶，从而不断提升个人境界。在这样一种积极向上、温馨和睦的环境里也会让学生产生强烈的归属感；触动学生自发地加入建设班级文化的行列，使班级文化的建设与学生的发展构成积极的互动，取得教育的成功。

　　从古时的"孟母三迁"到"近朱者赤，近墨者黑"，再到今天的"环境出人才"，无不证明了文化的重要性。但班级文化绝不是一朝一夕所能建立的，更不是班主任一人所能承担的。学生是班级文化建设的主体，科任老师是班级文化建设的辅助者，班主任是班级文化建设的领头雁。"五立"雁文化可以体现在教室的每一面墙上，每一张桌子上，每一把椅子上，每一扇窗或门上，也可以体现在每一个人的身上，而精诚协作、弘毅务实、向上进取、善行天下的班风应是班级文化建设的核心，是班级对外展示的社会形象。希望每一位班主任都怀揣着梦想与希望上路，遇水搭桥，逢山开道，唱一路欢歌，飘满天笑语。

　　希望《"五立"雁文化育人模式下的班级建设新探》这本书为热爱班主任工作的您带来些许班级建设的灵感。

　　本书在撰写过程中参阅了相关文献资料，得到了广州市教育局刘心愿、黄利、万华、蒋亚辉、戴育红；广东第二师范学院韩东才、李季、高家方、殷丽萍；华南师范大学王清平等领导和导师的大力支持；得到了广州市第三中学梁国就、吴秀英、廖小兵、许文芳、戴东祥、李健波、孟岚、梁袁锵、陈汉碧等校领导的鼓励帮助；得到工作室朱德芬、任婉雯、黄智文、蓝敏、陈芸、何颖仪、何文娟、谢瀚、林怀文、李丽娟、唐爱文等成员的积极配合，在此一并致以诚挚的谢意！由于作者水平有限，时间仓促，本书不足之处在所难免，敬请读者批评指正。

刘窗洲

2019年5月

第一章

班级建设与班级管理

第一节　班级建设的概念界定

普遍认为班级建设即班级文化建设，班级文化有广义和狭义之分。广义的班级文化是指班级在长期的学习生活中所形成的物质文化和精神文化的总和。班级文化的主要内容包括班级形象、班级精神、班级凝聚力、班级目标、班级制度、班级团队意识、班级活动等。班级文化的核心是班级精神和价值取向。班级的物质文化主体是物，是有形的，主要内容包括班级的桌椅摆放、教室布置、内务整理和学生着装等。班级的精神文化主要指班级的理想信念、价值观念和行为准则，具体表现在班级的学风、班风和考风，这些都是无形的，也是最核心的。狭义的班级文化就是班级的精神文化。

班级建设的目的是加强学风建设。全面推进班级建设，可提高同学们的学习热情，加大班级同学们的学习积极性，并增强班级凝聚力、向心力，促进班级和谐、校园和谐。班级建设是班级永恒的主题，关乎社会、学校的价值取向与健康和谐的发展，关乎学生的今天和明天，需要学校师生高度关注与热忱参与。

第二节　班级管理的往昔误区

一、管理主义误区

"管理"（Management）来自拉丁文"manus"，即"亲自控制"，本质是"控制或取得结果"。《牛津词典》将管理定义为处理，通过个人自己的行为对事务的过程进行控制，实行监管。泰罗认为：管理是确切知道要别人去干什么，并注意他们用最好、最经济的方法去做好。孔茨认为："管理就是设计和保持一种良好环境，使人在群体里高效率地完成既定目标。"唐纳利认为："管理就是由一个或更多的人来协调他人活动，以便收到个人单独活动所不能收到的效果而进行的各种活动。"在德鲁克看来，管理是一种实践，其本质不在于"知"而在于"行"。法约尔也将管理活动分为计划、组织、指挥、协调和控制，并进行了相应的分析讨论。

从"管理"的定义出发，管理并不包含教育，也不包含指导。有学者指出，"班级活动中的'管理主义倾向'的出现是由于我们的教育工作者狭隘和僵硬地理解了管理的内涵，事实上，管理是权变的，监督、控制、强制的力度，管理方法、手段的选择是根据管理的对象和情境而变化的。管理有专制型的、放任型的、民主型的，而班级管理却有着其自身的内涵。"在本研究看来，教学、管理与教育是班级的三大基本功能。然而，当代班级管理主义倾向愈演愈烈，甚至使班级的教学与教育职能被遮蔽了。

"管理主义"是一个新概念，正如有学者认为的那样，所谓教育活动中的管理主义，也就是把教育管理者所拥有的权力绝对化。"管理主义"既是一个管理学概念，又是一个社会学概念，是指把作为实现社会活动基本手段的管理绝对化，并且把管理手段变成目的，这里仅泛指忽视教育性的效率唯上的工具主义管理观。

班级的管理主义倾向实际上是这样一种倾向：把班级管理绝对化，忽视班级的教育与教学职能；把管理手段当成目的，教师以管住学生，特别是以管住一些"调皮捣蛋"的学生为追求目标；教师具有强烈的管理主义意识，将师生关系异化为等级关系；以管理水平的高低作为衡量班主任素质的标准，以班级管理水平的高低作为衡量班级建设水平的标准；在班级管理工作中，漠视学生的个别差异，以方便管理为首要的工作诉求；在学生观上，强调对权威的服从。

有学者认为，班级活动中的管理主义误区表现在两个方面："第一是以班级教学活动管理水平的高低作为衡量班级教学活动质量和教师水平的重要标准；第二是把加强班级的管理活动作为解决班级教育教学活动中出现的各种问题的重要手段和基本途径。"

二、管理霸权误区

教育部《中小学班主任工作规定》明确规定："班主任是中小学日常思想道德教育和学生管理工作的主要实施者，是中小学生健康成长的引领者，班主任要努力成为中小学生的人生导师。""认真做好班级的日常管理工作，维护班级良好秩序，培养学生的规则意识、责任意识和集体荣誉感，营造民主和谐、团结互助、健康向上的集体氛围。""经常与任课教师和其他教职员工沟通，主动与学生家长、学生所在社区联系，努力形成教育合力。"因此，从班主任的管理职能来看，班主任只有"学生管理""班级的日常管理""与任课教师和其他教职员工沟通"等方面的授权，班主任与任课教师之间并没有"管理与被管理""领导与被领导""主要管理者与次要管理者"之分，也就是说，这里并没有排斥任课教师的管理权。

然而，由于班级管理主义倾向，班主任在班级管理工作中日益凸显"管理霸权"。如班主任利用自身的特殊地位，搞"个人崇拜"，对学生施加影响，使学生对自己言听计从，削弱其他任课教师的地位；有时让学生收集有关科任教师的情报或从小道消息中获取其他任课教师的有关信息，对任课教师的工作造成误解，影响教师之间的尊重与信任；以班级"领导"的身份自居，对其他科目的教学工作指手画脚，伤害了任课教师的自尊心和专业自主性；不擅于与科任教师沟通，甚至独断专行、听不进科任教师对班级管理的意见；利用班主任职权，在自修课和课余时间布置大量自己所教科目的练习，挤占学生其他科目的学习时间，借此抬高所教学科和自身的地位。

有学者指出，"在现实的教育及班级管理中，往往有一种以教师为中心与重心、不尊重或忽视学生个性心理特征和自主性的教育习俗，以及一种盲目强调教师的职业权威，忽视教师的管理素能训练的现象和倾向，尤其是班主任的选择，其胜任的一个主要'标准'，就是'要厉害''能镇得住学生'"。有研究者称，这类现象并不是以学生为本，在教育过程中会违反教育的目的，也有害于学生的自我实现，扼杀学生的创造力。在众多的民主学校中，开始逐渐摈弃管理霸权，而以生活公约来维持秩序，以各种引导的方法，通过情境再设计和班级经营来取代管理霸权。

三、控制主义误区

《现代汉语词典》把"控制"定义为"掌握住不使任意活动或越出范围；操纵"、20世纪40年代，美国维纳（Norbert Wiener）等人创立了控制论，对自然科学和社会科学产生了较大的影响。社会控制作为一个十分重要的社会学术语，是由罗斯提出来的，罗斯认为，社会控制是一种有意识、有目的的社会统治，它包括对意志、情感和判断的三类控制。有学者认为，"社会控制是指社会组织体系运用社会规范，以及与之相应的手段和方式，对社会成员（包括社会个体、社会群体及社会组织）的社会行为及价值观念进行指导和约束，对各类社会关系进行调节和制约的过程"。这是广义的社会控制的概念。从狭义上来说，社会控制是对越轨者施加社会惩罚，以期使越轨者的行为回到行为规范所允许的范围内，因此，社会控制的主要对象是社会的越轨行为。

然而，社会控制现象在学校中也大量存在。福柯曾用4种主要的规训方式来说明学校是如何进行控制的："一是'个体的空间处所'的处理技术。学生所处空间的位置是为了形成有效的监督和控制，这种在空间场域或者在流动的场域中的位置预示着个体的身份和表现以及交往关系。二是'日常活动'的严格控制技术。上课的精确姿势、时间表、日常规范，以及各种管理纪律等，都在控制个体肉体的习惯。三是'练习'技术。把学校的许多生活分化成训练的细节，并重复性地控制以巩固训练成果，从而达到自动化的服从。四是'训诫'的技术。在学校中，班级中的管理技术、学生之间的监督模范、表现状态、教师的命令等显示了学生个体必须完成的被规训的活动。"

相对于一般组织而言，班级由于承载着教育、教学和管理的多重职能，班级管理中的控制应该尽量弱化。就学生管理而言，应着重在引导和激励，应提倡积极教育，因为班级管理中的控制作用是随时考察班级活动的执行过程与目标是否一致，哪些方面不一致，偏离到什么程度，什么原因引起的偏差，并找出纠正的方法，控制手段不应该成为班级管理的首选，控制的主要任务是学生失范行为的矫正。

有学者认为，"班级作为一个社会系统，有一定的组织性，于是对它进行一定程度的控制是有必要的，也是有可能的"。但是，如果不顾班级社会的特殊性，把这种控制绝对化，就会使班级管理趋向控制主义。这种控制主义的管理表现为班主任在班级建设中最关心班级纪律、学生操行等外部表现，因此，常常直接或间接地通过班干部，借助一定的规章制度去约束学生，实现对学生思想与行为的控制，导致教师只关心如何矫正学生表现出来的形形色色的错误行为与利己意识，学生只关心如何表面地、形式地维护规章制度，班长、班委会只从事监视活动，行使的是警察的职能。

在班级管理中的"控制主义"是一种消极主义的教育观，重管理轻指导，忽视正面的积极的教育。在班级管理中，一旦出现问题，教师往往会归咎于对学生的控制强度不够，于是尝试用更有力的控制来解决问题，最终可能不仅不能使学生的行为得到有效控制，反而会成为导致学生违规行为的又一个重要原因。

四、制度至上误区

班级作为一种社会组织，具有一个制度化了的角色结构和领导管理体系，制度化了的角色结构往往指学生与教师之间的角色关系，而制度化了的领导管理体系则是班级内部金字塔型的正式结构。为了实现班级管理效益的最大化，管理者经常直接依赖于制度，运用制度规范对班级实施管理，这样，也就将生活在其中的个人的行为不断地赋予社会角色意义。

对制度的理解，我们不能仅从技术层面来理解，认为它只是一些具有约束行为的规则条例。制度是由一系列自发形成的规则（如习惯、惯例、风俗）和法律界定的规则构成的规则体系。我们应该承认班级变革仍然需要制度保障，我们也需要扫除班级变革路上的一些制度障碍，创造适宜于班级变革的制度环境，并以制度创新促进班级文化变革。正如有学者所指出的，"把制度本身视为一种教育，是胡适的'识见'"。这种"识见"当时并不多见，同样留美且专攻政治甚至当了博士的张尉慈就不持此见，这就很能说明问题。

不言而喻，启蒙是教育，但，制度也是教育。长期以来，我们看重前者，甚至唯重前者，这是受鲁迅的影响。我们不应该排斥鲁迅式的思想革命，但就民治而言，制度的教育作用显然比任何思想革命都更直接、更有效。因为，说到底，民治原不是思想革命所能解决和所应解决的问题。但只有把刚性的制度与柔性的人文有机结合起来，二者相辅相成，齐头并进，才是班级变革的根本出路。但教育永远是"人"的教育，管理也是"人"的管理。班级管理应坚持以"人"为目的，以"人"为宗旨，而实际的管理工作中，往往又会出现目的和手段被颠倒的现象，导致"制度至上"的误区。

班级管理中的制度至上就是重规范建设轻价值教育。以班级稳定、秩序、安全等为核心的班级管理是重管理轻教育的，其工作指针是指向班级规范的。只有以学生个性、自主、发展等为核心的班级管理才是管理与教育并重的，其工作指针指向学生发展。当然，这里并不是说班级管理中不需要规范，只是反对那种"制度至上"的做法，正如有学者指出的，"其实，规范取向与价值取向不是对立的，它们很清晰地摆在我们面前，在学生的教育管理中，都有积极的意义，都有不可替代的作用。因此，既不主张过于理性化地设计班级规范，也不主张班级过于自由散漫，而是承认班级在规范、价值交织表达中的融合与创新，可能更有利于促进学生在班级中社会性与个性的和谐发展"。

雁阵效应的班级建设启示

第二章

目前，越来越多的中学班主任们采用"小组合作"模式进行班级管理，包括"小组合作学习模式""小组合作德育模式"等，但是在实施过程中总会遇到一些棘手的问题，有待改良与提升。例如：小组成员间的合作意识真的很强吗？团队精神真的已经完善了吗？小组整体学习效率、德育效能真的达到班主任预期了吗？林林总总的问题最后导致"小组合作"模式并未实现班主任们的初衷，更谈不上实现班级内小组成员们共赢。

第一节　诠释"雁阵效应"

智慧的雁群在天空中翱翔，一般都是排成"人"字阵或"一"字斜阵，并定时交换左右位置。"一"字形用于在风和日丽、没有压力的时候。但天气渐凉，雁阵要飞到南方去避寒，就要讲究效率，要用"人"字形飞。当"人"字形飞时，领头雁在前面飞翔，它猛烈地扇动翅膀，在翅膀下边形成一个相对真空的环境，即产生"尾涡气动力"，这样，跟在它后边的一只大雁就会占领这个位置，飞行的阻力就小了，跟在后边的大雁，相继都会借助到同样的力量。一段时间后，它们交换左右位置，目的是使另一侧的羽翼也能借助于空气动力缓解疲劳。

这样一来，前面的大雁给后面的大雁营造了一种环境，即"尾涡气动力"，使得它们在飞翔的过程中，克服的阻力要比原来单飞的时候小得多。每只大雁都借助到前面的大雁的力量，唯独领头雁没有。但是在雁阵中，领头雁是轮班的。那也就意味着在这个团队中，每一只大雁都借助到了前面一只大雁的力量。科学家的风动实验表明，当雁阵成群往前飞的时候，它是单只大雁飞行速度的1.71倍。

管理学专家们将这种有趣的雁群飞翔阵势原理运用于管理学的研究之中，形象地称之为"雁阵效应"。

大雁的叫声热情十足，能给同伴鼓舞，大雁用叫声鼓励飞在前面的同伴，使团队保持前进的信心——协调会增强组织信心的凝聚力。

当一只大雁脱队时，会立刻感到独自飞行的艰难迟缓，所以会很快回到队伍中，继续利用前面一只大雁造成的浮力飞行——协调具有吸附力。

一个队伍中最重要的是领头雁。当领头的大雁累了，会退到队伍的侧翼，另一只大雁会取代它的位置，继续领飞——协调重在配合。

"雁阵效应"其实就是告诉我们如何形成一个好的班级小组雁队。在一个团队里面，每个人都是独一无二的，每个人的才智、潜能都是独特的，故而班主任在班级管理中要树立人本管理的理念。但在一个团队中，如何将其个体优势发挥到好的地方，发挥出最好的一面，却是一门大学问。致力于多视角研究"雁文化"所衍生的班级管理思路与策略，包括涉及的"雁阵效应"带来的班级管理方面的思考，研究目的是努力开创班级里的学生们在德育、智育、体育等各方面达到共赢，甚至多赢。

第二节 贯通"智圆行方"思想，
促成团队共赢意识

大雁每年南飞与北飞的"生命迁徙之旅"可谓历尽千险，不但要经历风雨雷电雪霜，还要时刻面对各种天敌，但最终总能成功迁徙。大雁团队作战如此优秀，同时大雁也为最难猎获之物，是因为大雁有智慧，落地歇息之际，群雁中会由机智的年长孤雁放哨警戒。

所谓犬为地厌、雁为天厌、鳢为水厌，这三种生灵最是敏锐机警。一有什么风吹草动，群雁就会立刻飞到空中躲避，所以不论是猎户还是野兽，都很难轻易接近地上的雁群，正是因为雁群懂得分享智慧、体力、果实。

一、解读"智圆行方"

孔老夫子在《论语》中提出"智者寿"的养生哲学。

西汉的刘安在《淮南子·主术训》中将孔子的养生哲学演绎并升华到更高层次，提出了"智圆行方"之说。"心欲小而志欲大，智欲员（圆）而行欲方""智员（圆）者，无不知也；行方者，有不为也。"刘安告诉我们的是，人的智虑要广博圆通，人的行为要方正不苟。后来的养生学家们把"智圆行方"奉为养生格言，告诫人们：人若有贤人之智，势必益寿延年。

二、"智圆行方"思想才是团队成员形成合作愿望的基石

有一则关于"天堂和地狱"的故事：

有人和上帝讨论天堂和地狱的问题。上帝对他说："来吧！我让你看看什么是地狱。"他们走进一个房间，一群人围着一大锅肉汤，但每个人看上去一脸饿相，瘦骨伶仃。他们每个人都有一只可以够到锅里的汤勺，但汤勺的柄比

他们的手臂还长，自己没法把汤送进嘴里。有肉汤喝不到肚子，只能望"汤"兴叹，无可奈何。

"来吧！我再让你看看天堂。"上帝把这个人领到另一个房间。这里的一切和刚才那个房间没什么不同，一锅汤、一群人、一样的长柄汤勺，但大家都身宽体胖，正在快乐地歌唱着幸福。"为什么？"这个人不解地问，"为什么地狱的人喝不到肉汤，而天堂的人却能喝到？"上帝微笑着说："很简单，在这儿，他们都会喂别人。"

故事并不复杂，但却蕴涵着深刻的社会哲理和强烈的警示意义。同样的条件，同样的设备，为什么有些人把它变成了天堂，而另一些人却经营成了地狱？关键就在于，你是选择共同幸福还是独霸利益。天堂的人学会了给予，每个人都会喂给对方因而显得幸福快乐。这个故事教给人们要学会"给予、付出"，同时也说明了要"学会合作"的道理，从合作中获得生存且得到乐趣。

相同的资源却有两种截然不同的结果，这表明，合作的背后意味着双赢或多赢。能够把一个人的赢，变成双赢或多赢，只有通过合作才能实现。如果不合作，即使能赢也就是一个人赢，不可能双赢，更不可能多赢。

而这个故事正好印证了比尔·盖茨的一句富含智慧的话："一流的人和一般的人在一般问题上的表现是一样的，在一流问题上的表现却有着天壤之别。"

因而不难看出，贯通"智圆行方"的思想，促进班级雁队成员共赢意识的理念基石是合作的愿望。各小组雁队成员在合作过程中，既要大胆表述自己的见解与看法，同时也要倾听他人的意见。这样，合作的双方、三方、多方才能感受到交流的快乐，分享合作的愉悦。这样，才能培养合作的愿望，获得真正意义上的团队合作共赢成果。

三、"智圆行方"思想下创建班级共赢小组雁队的三大品质

品质一：团结合作，乐于分享

雁群总是由有经验的老雁当"队长"，飞在队伍的前面，幼雁和体弱的雁，大都插在队伍的中间。在飞行中，带队的大雁体力消耗得很厉害，因而它常与别的大雁交换位置，彼此相互成就队友，而如果孤雁南飞，就有被敌害吃掉的危险。

这给我们班主任进行班级管理达到共赢局面带来启迪：团结合作，乐于分

享,成就他人就是成就自己。

品质二:齐心协力、乐于助人

大雁飞行是排成"人"字形或"一"字形,是因为它们整天的飞,单靠一只大雁的力量是不够的,彼此之间必须互相帮助,才能飞得快飞得远。有劲的大雁在扑翅膀飞的时候,翅膀尖扇起一阵风,从下面往上面送,就把小雁和体弱的雁轻轻地抬了起来,长途跋涉的小雁和体弱的雁就不会掉队,从而成功实现整个雁队的生命迁徙之旅。

这给我们班主任进行班级管理达到共赢局面带来启迪:齐心协力、乐于助人,集体荣誉感是班级小组雁队的灵魂。

品质三:艰苦奋斗、不畏困难

大雁每当秋冬季节,它们就从老家西伯利亚一带,成群结队、浩浩荡荡地飞到我们中国的南方过冬。第二年春天,它们经过长途旅行,回到西伯利亚产蛋繁殖。大雁的飞行速度很快,每小时能飞68~90千米,几千千米的漫长并且艰辛的旅途得飞上一两个月。

这给我们班主任进行班级管理达到共赢局面带来启迪:艰苦奋斗、不畏困难,实现个人与团队的共赢。

第三节　创建高信任度团队，提炼高效力量源泉

一、高信任度组织与低信任度组织的区别

高信任度组织就像一群"生命之旅"迁徙飞行的大雁，即使在改变方向与阵型的时候，每只大雁都能够相互默契地调整自己的速度，始终使阵型保持优美、协调、高效、目标一致、充满生命活力，最终完成上千千米的飞行。

而低信任度组织则像被赶往鸭圈的鸭群一样，如果没有放鸭人的驱赶，它们随时可能停下来不走了，队伍行进得很慢而且乱七八糟，没有目的。

二、建立高信任度班级雁队的必要性

凡众共识，信任是班级向心力、凝聚力乃至学生们快乐充实成长的基石。如何在班级内部建立起高信任度关系，是班主任及学校德育工作者所面临的一个富有挑战性的课题。雁队是自然界中配合最为密切、搭配最为科学、团队效率最高的一个群体，皆因雁队是一个高信任度团队。由此可见，高信任度就是建设高效团队的力量源泉。

三、做好高信任度班级小组雁队"领头雁"的学问

（1）"领头雁"必须自己先做标杆示范，你扇动强而有力的翅膀，后面的雁队成员才会跟着你一起扇动翅膀。

（2）"领头雁"需要思考如何让整个团队团结起来？制定符合大家的共同需求和认可，并乐意为之奋斗的团队目标。

（3）"领头雁"要根据每位成员的特点分好工，提供让其各自发挥长处的空间，让每位成员都有存在感与使命感，让其尽心尽力地为团队贡献力量，争取团队荣誉。

（4）"领头雁"要倡导并且领衔团队成员互相帮助、互相支持和鼓励，实现沟通无障碍，就能更快、更高效、更轻松地达到团队目标。

四、打造高信任度班级雁队的五大要素

通过研究大雁的团队精神，我们发现，团队的力量远远大于一个优秀人才的力量。因此，每一位班级雁队成员应将自己的聪明才智融入班级的发展中，与团队一起赢得成功。故而，我们打造高信任度班级雁队要遵循以下五大要素：

1. 目标

每个雁队的目标明确，从不会盲目起飞，它们始终保持在一种整齐有序的状态中，朝着同一个目标飞行。这说明每个班级雁队应该确立一个远大的、值得追求的目标，使全体成员紧紧围绕着这个目标而奋斗。

2. 沟通

雁队在转弯或变换队形的时候，通过叫声传递信息，沟通的顺畅保证了大雁团队的协作毫无障碍。这说明有效沟通是建立高效班级雁队的前提，是构建双赢的桥梁，是提高学习与一切工作效率的重要方法。

3. 领导力

在雁阵中，领头雁的任务最为艰巨，它们是这个雁阵的领导者和决策者。这说明哪位班级雁队成员要想成为"领头雁"，就必须时刻培养自己具备领导者的基本素质。"己欲立而立人，己欲达而达人"，要想成为班级的"领头雁"，就要时刻像领导者一样思考。

4. 纪律

大雁始终排着整齐的队伍南飞或北飞，绝对是一个团结，并且守纪律的集体。这说明班级雁队纪律是保证一个团队具有创造力和团队精神的基础，打造一个个纪律严明的班级雁队是班级生命活力的根本所在。

5. 分工

雁阵中的大雁会自觉地承担各自的工作，它们互相鼓励打气，是默契的合作者。这说明班级雁队成员们只有分工协作、优势互补，才能事半功倍，科学分工是每一个班级雁队强大的法宝。

高信任度的小组雁队是班级雁阵建设的抓手。"生命迁徙"旅途中的雁

队，即使在改变方向与阵型时，每只大雁也都能默契地调整自己的速度，始终使阵型保持优美、协调、高效、目标一致、充满生命活力。

信任是班级小组雁阵建设的灵魂和基石，它是班级向心力、凝聚力乃至学生们快乐充实成长的基础。因此，我们认为高信任度的班级小组雁阵应具备五大要素，即目标、沟通、领导力、纪律和分工。如此，每一位班级雁阵成员才能把自己的聪明才智融入班级的发展之中，与团队一起走向成功。

在团队建设中，仅仅靠信任而缺乏责任感，团队也会一事无成。为避免班级出现责任分散效应，我们要求各个成员学会分工协作、优势互补。在班级管理中，设置完善、精细、合理、高效的班委会和家委会，将责任细化、明确到具体的个人，明确划分值日生之间、部门之间的责任范围。如此，在日常班级生活中，事事有人做，人人有事做。雁队才能潇洒变阵、领头雁更替轮值，保持雁队展翅高飞的稳健性。学生才能真正形成"雁阵"，结伴翱翔天空，"忠诚、分担、弘毅、互助、鼓励"的精神响彻苍穹，传递"相伴"，获得远行的力量。

总之，班级小组雁队成员之间可以通过多视角、多层次、全方位的交流，感受到合作、共赢是一件愉快的事情。由此，小组成员能满足各自健康成长的心理需要，促进彼此的和谐发展，最终共同体验幸福、快乐、共赢的成长历程。

五、班级小组雁队成员的成长心路

凡认可并且参与"班级雁文化"建设的学生、班主任、老师、专家、家长，我们都亲切地称呼为"雁友"。那么，学生雁友们知道如何将这么好的"雁阵效应"运用到班级小组雁队文化中，成为小组雁队乃至班级精神吗？

雁队中有那么多雁友，可能的确有能力不足的队友，可能机制上，还有着或多或少的问题，可能在沟通上、分工协作上仍存在很多问题，但必须保持正能量思想和积极进取的心态，认定所有困难都是可以改变和战胜的。

总而言之，班级小组雁队成员之间可以通过多视角、多层次、全方位的交流模式，使每个人都有机会发表自己的观点与看法，同时，每个成员也乐于倾听他人的意见，使朝夕相处的雁友们感受到合作、共赢是一件愉快的事情，从而满足各自健康成长的心理需要，促进彼此智力因素和非智力因素的和谐发展，最终共同体验幸福、快乐、共赢的成长历程。

第三章

『五立』雁文化的育人模式构建

第一节 "五立"雁文化的基本内涵

　　一个班级犹如一群大雁，唯有目标一致、团结合作方能实现共赢发展。因此，受"雁阵效应"的启示，我们结合中华优秀传统文化与新时代人才培养目标的要求，提出了"五立"雁文化育人模式。

　　"五立"雁文化的形成过程分以下五个阶段：

　　第一阶段：源自"雁阵效应"，形成团队理念

　　雁群在天空中翱翔，一般都是排成"人"字阵或"一"字斜阵。当以"人"字形飞行时，领头雁在前面猛烈地扇动翅膀，在翅膀下边形成一个相对真空的环境，即产生"尾涡气动力"，这样，跟在它后边的大雁飞行的阻力就小了，其他大雁都能相继借助到这股力量。在雁阵中，领头雁是轮换的，这就意味着在这个团队中，每一只大雁都借助到了前一只大雁的力量。科学家的风动实验表明，当雁阵成群往前飞的时候，它是单只大雁飞行速度的1.71倍。管理学专家们将这种有趣的雁群飞翔阵势原理运用于管理学的研究之中，形象地称之为"雁阵效应"。

　　第二阶段：贯通"智圆行方"，形成品格素养

　　"智员（圆）者，无不知也；行方者，有不为也。"智圆行方，是成功者的行为准则，也是儒家"五常"之"仁、义、礼、智、信"的真实写照。

　　第三阶段：融汇"高信任度"，形成聚心策略

　　信任是班级向心力、凝聚力乃至学生们快乐充实成长的基石。高信任度组织就像一群"生命之旅"迁徙飞行的大雁，即使在改变方向与阵型的时候，每只大雁仍旧能够相互默契地调整自己的速度，始终使阵型保持优美、协调、高效、目标一致、充满生命活力，最终完成几千千米的飞行。

第四阶段：领头雁身先士卒，形成标杆示范

"领头雁"要思考如何让整个团队团结起来，制定符合大家的共同需求和大家认可并乐意为之奋斗的团队目标；要根据每位成员的特点分好工，提供让其各自发挥长处的空间，使每位成员都有存在感与使命感，让其尽心尽力地为团队贡献力量，争取团队荣誉；要倡导雁队成员互相帮助、互相支持和鼓励，实现沟通零障碍，从而更高效、更轻松地达到团队目标。

第五阶段：水到渠成，形成"五立"雁文化育人核心理念

一个班级犹如一个大雁群，唯有目标一致，团结合作方能实现共赢发展。因此，受"雁阵效应"的启示，我们结合中华优秀传统文化与新时代人才培养目标的要求，提出了"五立"雁文化育人模式。"五立"包括以下方面：

"立德"：培养学生良好的个性品格，它是育人的根本。自古以来，大雁被人们赋予禽中之冠的美誉，更被视为"五常俱全"的灵物，大雁有仁心、有情义、有秩序、有智慧、有诚信的品质一直以来为人们所称道（即五有）。

"立人"：培养学生应有的合作精神与社会担当，它是育人的目标。包括忠诚度、分担度、弘毅度、互助度、鼓励度等优秀品质（即五度）。

"立向"：培养学生拥有正确的理想信念，是育人的方向。包括目标力、沟通力、领导力、执行力、分合力（即五力）。

"立美"：培养学生感受美、欣赏美、创造美的能力，是新时代对育人提出的素养要求。包括心灵美、人格美、健体美、雅艺美、创意美（即五美）。

"立业"：培养学生良好的生涯规划能力、社会生活技能与社会适应能力，是育人的旨归。包括能乐业、能勤业、能专业、能创业、能建业（即五业）。

第二节　雁阵精神启示团队建设

大雁雁阵有着相同的目标，明确的分工，协调的合作，有序的竞争，恰当的组合，宽阔的胸怀，无私的奉献。团结就有力量，合作产生效益，分享有益互补。团队是个体的归宿，个体是团队的基础。优秀的团队有利于个体的成长，优秀的个体有利于团队的发展与壮大。大雁的雁阵精神就是团队精神！

团队精神可以说是一个寻常的命题，但是，随着学生所处学段时间的不同，每个班级的具体情况不同，所面对的挑战和问题也就有所不同。所以时至今日，团队精神既是一个老命题，也是一个新命题。

一、培育正确的团队合作观念

有些事情当制度管不了，文化也管不了的时候，实际上就是管不了人心了。也就是说，制度和文化能约束人的行动，却管不了人心。

法国农业工程师林格曼曾经设计了一个引人深思的"拉绳实验"：把被试者分成一人组、二人组、三人组和八人组，要求各组用尽全力拉绳，同时用灵敏的测力器分别测量其拉力。结果，二人组的拉力只是单独拉绳时二人拉力总和的95％，三人组的拉力只是单独拉绳时三人拉力总和的85％，而八人组的拉力则降到单独拉绳时八人拉力总和的49％。这个结果对于如何挖掘人的潜力，搞好人力资源管理，很有研究价值。

"拉绳实验"中出现"1＋1＜2"的情况，明摆着是有人没有竭全力使真劲儿，而是"拉松套""拉偏套"，打马虎眼。这说明，人有与生俱来的惰性，单枪匹马地独立操作，就能竭尽全力；到了一个集体，则把责任悄然分解、扩散到其他人身上。社会心理学家拉坦经深入研究认为，这是集体工作时存在的一个普遍特征，并概括为"社会浪费"。其实，这就跟人们常说的"一个和尚挑水喝，两个和尚抬水喝，三个和尚没水喝"的道理差不多。看来，诸如"众人拾柴火焰高""人多好办事""人多力量大"一类说法也有例外。在班级建设中，如果忽视这种"例外"，必然会造成人力、物力、智慧的浪费。

一般情况下，人都有一种连自己也难以相信的巨大潜力，没有任何情况的刺激，这种潜能就不会淋漓尽致地发挥到极限。类似现象在现实生活中并不少见。独自一人跑步永远跑不出你追我赶的比赛场的高速度；一个人平时跳过一条水沟时很吃力，如果遇见几条龇牙咧嘴的狼狗在他身后穷追不舍，他就会一跃而过；同一片蓝天下，同一方土地上，同样的人们，实行联产承包责任制以后，在责任田里，中国农民很快就把穷日子"耕耘"成了好日子。这些事例都表明，人人都有依赖心理，也有不可限量的潜力，谁能把身边人员的潜力充分挖掘出来，谁就会收获一笔意想不到的"财富"。

人的潜力极限需要情况刺激，而最长效、最管用的刺激手段，莫过于建立健全人尽其才、人尽其力的激励机制。责任与权利越具体，人的潜力发挥越充分；耍滑偷懒的人越少，用真劲儿的人的发展空间也就越大。

因此"拉绳实验"的背后是人心在作祟，导致没有用尽全力去拉绳子。所以，对人心的训练，不是别人能训练的，而是要靠自己来训练。

如此看来，一个人要给自己植入正确的团队合作观念。因为观念很重要，有没有这样的观念将会直接影响到个人的行动。一个人因为秉持一种观念，才会影响到自己的行动。团队合作的观念深入个体思想时，就会影响其行动。否则，只是简单地知道或了解，对行动的影响不大。

那么，要培育的正确的团队合作观念到底是什么呢？

1. 合作就是我借助我们的力量使我成长

合作是一种生存智慧，就是借助我们的力量使自己成长。不要认为成长仅仅是关系到自己的事情，当一个人借助我们的力量的时候，可能会得到更快的成长。

如果一个人还没有借助到团队的力量，这可能就意味着这个人与他人合作得还不够。这就需要用大雁的精神来训练团队。

让我们一起来了解雁阵的世界！大雁是排成"一"字形或"人"字形来飞翔的。"一"字形适用于在风和日丽、没有压力的时候。但天气越来越凉，要飞到南方去，就要讲究效率，要用"人"字形飞。当用"人"字形飞时，领头雁在前面飞翔，它猛烈地扇动翅膀，在翅膀下边形成一个相对真空的环境，这样，跟在它后边的一只大雁就会占领这个位置，飞行的阻力就小了。跟在后边的大雁，都会相继借助到同样的力量。

这样一来，前面的大雁给后面的大雁营造了一种环境，使它们在飞翔过程中克服的阻力比原来单飞的时候小得多。每只大雁都借助到前面大雁的力量，唯独领头雁没有。但是在雁阵中，领头雁是轮换的。那也就意味着在这个团队中，每一只大雁都借助到了前面一只大雁的力量。科学家的风动实验表明，当雁阵成群往前飞的时候，它是单只大雁飞行速度的1.71倍。

由此可见，借助团队的力量使自己得到成长，在大雁的身上体现得淋漓尽致，值得班级建设效仿学习。

2. 只有合作才能实现双赢或多赢

合作的背后意味着双赢或多赢，能够把一个人的赢，变成双赢或多赢，只有通过合作才能实现。如果不合作，即使能赢也就是一个人赢，不可能双赢，更不可能多赢。

让我们一起来看一则蚂蚁的故事吧！蚂蚁个头比较小，但腿比较多，所以很多人以为蚂蚁爬得比较快，但事实并不是这样。当森林大火来临的时候，蚂蚁再怎么快，也快不过大火蔓延的势头。但是一场大火过后，人们会发现还有蚂蚁活着，为什么呢？因为当森林大火蔓延过来的时候，这些蚂蚁会迅速地抱团，滚成一个球，滚出火场。当发大水时，蚂蚁也是这样迅速抱团，然后就跟着洪水随波逐流。它们有可能碰到一棵大树的树墩，如果爬上去了，也就获得了生存的机会。

合作是智慧，同时，合作也是勇气的一种体现。也就是说，一个人敢不敢有团队精神，是一种勇气的体现。人往往做不到的是与不如自己的人合作。

雁阵理论的解读主要包含以下几个步骤：

（1）要认清团队的目标不可动摇，对目标做一个合理的解释。

（2）合作和协作是完成团队目标的必由之路。

如果做狭义上的区分，合作就是分工，协作就是协助。一件事情从制度上或者是从工作职责的角度上来讲，这不该是自己做的，自己可以不做；但是，可以协助别人做这件事情，配合他人做好，合作和协作就是这样一种关系。

在团队工作中，目标的实现要通过两种手段：一种是合作，通过分工，各自干各自的；另一种是协作，通过协作最终把事情做好。合作和协作，是完成目标的必由之路，是两种手段。

（3）对团队承诺。

对团队的承诺其实也是对自身的承诺，而不是别人要求的。如果能做到的话，就会觉得自我得到了改善和提升，同时也会获取既得利益。

3. 合作是完成团队目标的必由之路

合作是实现目标的过程中的一个手段，要实现目标，就需要借助协作。大雁群飞时会比一只大雁单独飞行增加71%的飞行动力，所以，当大雁掉队时，会感到孤独和迟缓，它会尽早归队。同理，大家应同走一条路，与前面领跑的人在一起，拥有共同的目标和团队精神，这样可以让自己更快、更容易地完成工作。所以要做到以下两点：

（1）要找到一个团队，这个团队最好是有人在前边领跑，这样组合起来，才会有更大的效率。

（2）要借助别人，使自己成长。

大雁受伤之后

当一只大雁受伤掉队时，另外两只大雁会停下来帮助和保护它，直到它重新飞翔或者死去，另外两只大雁才会离开它，努力追上前面的雁阵。本来受伤大雁的生与死，与别的大雁没有太大的关系。但是在一个雁阵里面，作为一种责任，就会有两只大雁始终陪着受伤的大雁。

种西瓜的老伯的故事

有一个老伯，春播的时候要种西瓜，他得到了一批很好的种子。他心里想，尽量不告诉别人。但是他保守秘密的能力又不强，让大家知道了。大家都来问他："您的种子这么好，告诉我们您在哪儿买的，我们也去买，哪怕贵一点儿也没关系。"老伯不想让别人都好，就说卖种子的早走了，买不着了。所以，别人都没有买着老伯那样的好种子。

到了收获的季节，老伯以为地里结出来的西瓜应该是皮薄、又大又甜的，但事实上，地里结出来的西瓜还不如他过去种的。他非常气愤，千方百计地找到卖给他西瓜种子的人。那个卖种子的人就说了："老伯，您怪不得我，我卖给您这么好的种子，种到地里发芽、开花，但授是谁家瓜地里的粉啊？是您那么多邻居家瓜地里的，和那些劣质种子开的花这么一杂交，会怎么样？就不是我卖给您那种子应该结的果了。所以您不能怪我。"

最终，老伯因为不想让别人受益，自己也没有受益。

所以，团队中的成员应该相互关心、相互帮助，一定要做到这一点，才能使别人获益，也使自己受益。团队精神是每个人都要仔细考虑的，要在骨子里觉得这是一种需要。

二、"五立"雁文化育人模式的核心理念

1. 立德，成就他人就是成就自己

"五立"雁文化育人模式的"立德"，即培养学生良好的个性品格，它是育人的根本。自古以来，大雁被人们赋予禽中之冠的美誉，更被视为"五常俱全"的灵物，大雁有仁心、有情义、有秩序、有智慧、有诚信的品质一直以来为人们所称道（即五有）。

幸福的雁阵班级除了要有一个认真负责，有爱心、耐心和恒心的班主任之外，更重要的是能否给学生们营造出一个互帮互助的班级氛围。"心中无缺叫富，被人需要叫贵"，成绩好且肯帮助成绩后进的同学，这样的同学就叫富贵之人。有同学问你问题，才能显示你的富贵，显示你的好人缘。

心理学研究证明：具备开朗、坦率、大度、正直、诚实等良好个性品质的人，人际影响力就强；反之，有傲慢、以自我为中心、言行不一、欺下媚上、嫉贤妒能、斤斤计较等不良个性品质的人，是最不受欢迎的人，也就没有人际影响力可言。所以，我们每个人要加强良好个性品质的修养，以增强自己的人际影响力。

在雁群中，后面的大雁会用叫声来鼓励飞在前面的队友，为它呐喊助威。当有一只大雁受了伤，会有其他两只大雁自动从队伍中飞出来，陪伴在其左右，帮助它，保护它，直到它痊愈，再与它一起赶上自己的队伍。大雁的这种互助精神的确让我们感动。

"与人方便，自己方便"，在学习和生活中确实是这样，帮助别人的同时，也是在帮助自己。只有懂得帮助别人、关怀别人才能得到别人感恩式的帮助。帮助别人在很大程度上就是成就自己。

在一场激烈的战斗中，一名上尉忽然发现一架敌机向阵地俯冲下来。照常理，发现敌机俯冲时，要毫不犹豫地卧倒。可上尉此时并没有立刻卧倒，因为他发现离他四五米远处有一个小战士还站在那儿。他顾不上多想，一个鱼跃飞身将小战士紧紧地压在了身下。此时一声巨响，飞溅起来的泥土纷纷落在他们的身上。上尉拍拍身上的尘土，回头一看，顿时惊呆了，因为刚才自己所处的那个位置被炸成了一个大坑。

小战士是幸运的，但更加幸运的是上尉，因为他在帮助别人的同时也帮助了自己。在前进的道路上，搬开别人脚下的绊脚石，有时恰恰是给自己铺平了路。正如印度谚语所说："帮助你的兄弟划船过河吧！瞧，你自己不也过河了？"

班级里的同学如果能像大雁一样，遇到困难时互帮互助、共同面对，首先想到的是同伴的利益和进步，那么，不仅整个班级会取得成功，而且每名同学的能力也会得到提升，因为帮助别人就是成就自己。

2. 立人，互助分享是最智慧的生存之道

"五立"雁文化育人模式的"立人"：培养学生应有的合作精神与社会担当，它是育人的目标。包括忠诚度、分担度、弘毅度、互助度、鼓励度等优秀品质（即五度）。

当一只大雁找到食物后通常会不断发出叫声，呼唤其他大雁来分享，从不独吃全部食物。学会分享是聪明的生存之道，这是大雁给我们的启示。

分享，是一种成功的境界，是一种智慧的升华，分享爱、分享劳动、分享喜悦乃至分享痛苦，这都是一个团队所需要的。有些人在学习和生活中往往喜欢斤斤计较，总害怕自己会吃亏，更怕让别人得了便宜。这样的人不可能领悟到分享的真谛。

奥运冠军站在领奖台上发表感言的时候，说得最多的一句话就是："我感谢我的教练，感谢我的家人，感谢我的团队，感谢所有关心、支持我的人。"这就是一种荣誉的分享，这些简单的话让所有人感到如沐春风。试想一下，如果他在台上这样说："我能取得今天的成绩和别人无关，完全是我个人努力的结果。"大家一定会对这个人的品行感到厌恶，他的团队也不可能一如既往地支持他。

懂得分享是种聪明的生存之道。在这个崇尚与别人互助合作的集体里，没有一个人能担当全部，一个人价值的体现往往就维系在与别人互助的基础上。许多时候，与人分享自己拥有的，我们才能找到自己在团队里的位置和方向。

3. 立向，努力实现个人与团队的共赢

"五立"雁文化育人模式的"立向"：培养学生拥有正确的理想信念，是育人的方向。包括目标力、沟通力、领导力、执行力、聚合力（即五力）。

大雁每次迁徙都长达几千千米，迁徙的成功是每只大雁共同努力的结果。这种合作共赢的情况也同样适用于人类。

班级和学生的关系与此有异曲同工之妙。一方面，班级的成长依赖于班级内部所有学生的共同努力和不断进步，每位学生的努力都会为班级的进步增添一分力量，每位学生的进步都会推动班级的发展；另一方面，班级的发展又为每位学生提供了更好的发展机会和智慧分享。

有一种效应叫自己人效应，就是说要使对方接受你的观点、态度，你就要把对方与自己视为一体。管理心理学中有句名言："如果你想要人们相信你是对的，并按照你的意见行事，那就首先需要人们喜欢你，否则，你的尝试就会失败。"

说服别人按照你的建议去做，只是向人们提出好建议是远远不够的，可以强化和发挥"自己人效应"，让人们喜欢你，避免好的建议遭到拒绝。

首先，应强调双方一致的地方，使对方认为你是"自己人"，从而使你提出的建议易于被接受。其次，努力使双方处于平等的地位。你要想取得对方的信赖，先得和对方缩短心理距离，与之处于平等地位，这样，就能提高你的人际影响力。再次，要有良好的个性品质。人的良好个性品质是增强人际影响力的重要因素。

由此看来，学生和班级是一种互惠共生、共同成长、共同进步的共同体。班级上下齐心协力，学生负责任地推动班级发展，班级发展又带动了学生的发展，最终达到双赢的目的。

4. 立美,体验幸福需要培养感性素质

"五立"雁文化育人模式的"立美":培养学生感受美、欣赏美、创造美的能力,是新时代对育人提出的素养要求。包括心灵美、人格美、健体美、雅艺美、创意美(即五美)。

周海宏(中央音乐学院副院长)教授如是说:"没有艺术,将毁掉孩子的一生。""要想成功幸福,从小热爱艺术。"这可以解读为体验幸福是需要素质的,物质水平提高了,却不一定能懂得感受幸福。

人有两大心智能力:一个是理性,一个是感性。理性的代表是科学;感性的代表是艺术。科学征服了世界,艺术美化了世界。一个人想要获得一生的幸福,首先要拥有幸福的能力。一个细腻、敏感、丰富的人比一个枯燥乏味、麻木不仁的人,生命品质要高得多。

缺少艺术教育的人幸福少;缺少艺术教育的人成功难;缺少艺术教育的人破坏大。把精神世界活成艺术,把生活过成艺术,把世界造成艺术。每一条路,每一棵树,每一栋房屋,每一个人,以及它们共同组成的整体,都当作艺术来改造。做的每一件事,都做成艺术,心就美了,世界也因你而美了。美,可以提升人的道德。

5. 立业,生命迁徙是雁阵的团队大业

"五立"雁文化育人模式的"立业":培养学生良好的生涯规划能力、社会生活技能与社会适应能力,是育人的旨归。包括能乐业、能勤业、能专业、能创业、能建业(即五业)。

大雁迁徙时总是几十只、数百只,甚至上千只地汇集在一起列队而飞,打头阵的是有经验的大雁。尽管领头雁身体很强壮,但因体力消耗得很厉害,所以很容易疲劳,但是带队的头雁仍默默地为雁群奉献着。

大雁是一种极讲究团队合作的动物,从不会脱离雁队单独行动,它们的集体意识与协作立业精神远远胜过人类,只要我们细心观察,就能发现:在飞行的过程中,雁群始终保持一个整齐的队列,即使是一只平时顽劣至极的大雁在沿途遇到新奇无比的景色时,也不会因为贪恋美景而脱离雁群。它们始终保持着一种整齐有序的状态,朝着同一个建业目标飞行。

在雁阵中,分工极其明确,所有的大雁都尽心尽力地做好自己的那份工作,并且只听命于领头雁。通过每只大雁的努力,雁群能够飞越喜马拉雅山脉，到达那片温暖的地域。

如今，学生们通过"生涯规划职场面对面"等课程的开展与学习，发现现代企业专业化分工越来越细，靠一个人的力量是无法面对千头万绪的工作的。如果没有其他人的协助与合作，任何人都无法取得持久性的成就。如果人们能联合起来，并建立在和谐与谅解的基础上，那他们中的每一个人都会因此使自己的能力倍增。

通用电气公司前CEO杰克·韦尔奇曾说："在一个公司或一个办公室里，几乎没有一件工作是个人能独立完成的，大多数人只是在高度分工中担任部分工作。只有依靠部门中全体员工的互相合作、互补不足，工作才能顺利进行，才能成就一番事业。"

三、培育正确的团队"立向"观念

对于团队"立向"的理解是要深入骨髓的，一定要进行目标管理。目标管理的第一个步骤是建立目标。建立目标时，如果个人目标趋向于与集体目标相吻合的话，个人的目标在集体目标之下，属于集体目标，个人就会更容易借助到别人的力量。如果在团队中，个人还打着自己的小算盘，个人目标与集体目标相背离，那么，个人目标实现的过程就会更艰难，因为得不到周围人的帮助。

1. 志存高远的目标力

对于任何目标，要想提高其实现效率，除了自己的努力以外，还需要借助别人的力量。有的人年年定目标，月月定目标，反反复复定，却始终未能实现。这时就要检讨自己的目标是不是切合实际，是不是在集体大目标的利益之下。

大雁的习惯

北方是大雁的故乡，但大雁为了觅食，为了避开严寒，被迫南迁，去寻找温暖的地方。虽然后来气候转暖了，但是在进化的过程中，大雁形成了迁徙的习惯并保留下来，年复一年从没有动摇过。到了秋天它就飞走，春天又飞回来。可见，大雁对驾驭目标已经达到了一个境界。大雁实现目标的过程，已经变成了一种习惯。

大雁竭尽全力地去实现目标，到秋天就飞走，到春天就飞回来，这已经形成了一种习惯。冰川时代已经过去，现在天气已经没那么寒冷了，如果大雁不到南方去过冬，它也能生存，但是它没有动摇，没有因为这个目标可以不实现，就不去追求；没有因为这个目标可以定得低一点儿，就改变目标，如只需要飞到稍微暖和一点儿的地方，不冻死就行。

人在设立目标时，往往不做那么高的追求，而是基于现有的条件，把目标定得低一点儿。但是大雁不是这样的，今天的大雁甚至有条件改变目标，可以不再去迁徙，在北方也不会被冻死。但大雁没有选择放弃，没有因为环境的变化而丧失对目标的追求。大雁已经把目标的执行做到了一定的境界，它不会因为外界条件变化而找借口，不订立目标。相反，它对自己始终有要求。

大雁，即使它可以有一个丧失目标的选择，它也不会做，因为如果一旦丧失目标的选择，可以预言，这些大雁虽然可以活着，但是它飞翔的能力会逐渐减弱，有可能不会飞翔，最终丧失了本性的东西。同理，在团队工作中，一旦订立了一个目标，就要排除一切艰难险阻，向着目标努力。

一个人没有目标，随波逐流，在衣食不愁的情况下，在短时间内，几乎不会给他的生活造成什么根本上的影响。但是当他有了进一步的需求，要求被人尊重的时候，他就会发现自己好像并没有得到这些。于是，他就会惶惶不安，就会有一些变化。没有目标，易使人感觉紧张，会影响人的身心健康，却又不易被察觉，但其危害确实存在。为了避免有一天身心受到影响并真正暴露出来，就需要制定一个目标。每个人都要制定目标，都要对自己有个规划。目标要求有一定的高度，还要具备一定的科学性。

2. 学习力就是执行力

年幼的大雁在迁徙的漫漫征程中受到互相协助、团队合作、坚忍、忠诚等大雁精神的熏陶，从而逐渐成长、成熟。大雁的精神也得以一代一代地传承下去。同理，在团队中，学习是一种执行能力，是使得团队里的成员进步，并得以成长和成熟的能力，反之，则谓之为衰老。

每个人都知道学习很重要，但不知道应该学什么。现在是知识爆炸的年代，未知的领域太多了，不可能什么都要学，所以，一定要找到该学的东西、学以致用的东西。今天学的东西，可能会影响到明天的结果。所以，学习的时机要把握好。

3. 领悟"软化效应"的沟通力

飞行中的大雁会利用叫声,鼓励飞行在前面的同伴,这提升了它们战胜困难的勇气和信心。同样,在团队中,与其他成员也需要正面积极的沟通,不要说消极的话。

"软化"是相对于"硬化"而言的。在管理学中,权力、制度作为管理者的手段,对人言行的约束确实具有不可抗拒性的功效。但是,仅仅依靠权力和制度所创造的管理气氛显得冷冰冰、硬邦邦的,可以称之为一种"硬化"的环境。而实行民主管理,教师对每个学生一视同仁,同学之间相亲相爱、互相帮助,则能够使人心情舒畅、情绪稳定,营造一种团结向上的人文环境,这种环境可称为"软化"环境。

"软化"和"硬化"虽然只是一字之差,但效果却有天壤之别。"硬化"的管理环境,往往导致专制,产生对立。诚然,专制可以营造鸦雀无声的氛围,可以使学生养成服从的习惯。在"应试教育"的条件下,很多班主任老师对此习以为常,甚至心安理得。实质上,这种教育氛围的营造和学生习惯的养成所带来的后果是十分可怕的:它不仅泯灭了学生最宝贵的"天性"——好奇心、探索欲望、创新精神和独立意识,而且很容易造成学生的表里不一、口服心不服及师生之间的对立。

不同的教育方式的后果

两个孩子考试同样得了80分。其中一个孩子的父母说:"你怎么这么笨,离100分还差20分!"孩子一听,20分确实挺多的,他可能就会有畏难情绪,也就不追或不敢追了。

而另一个小孩的父母的沟通方法就不一样。他们对孩子说:"真不错,你的同桌才考了83分,你跟他只差3分,肯定能追上他。"这个孩子一想,3分好像是没多少,追上没问题。这样,他的行动就完全不一样了。等得到了83分,父母就会说,孩子真努力,要是得了90分,就更优秀了。孩子一想,就差7分,问题也不大。所以,这个孩子就不会有抵触的情绪了。

美国有位教育专家曾以"心目中喜欢的老师"为题对九万名学生做了调

查。结果显示，教师有十二种素质最受学生喜爱：友善的态度、尊重教室里的每一个人、有耐性、兴趣广泛、良好的仪表、公正、幽默感、良好的品行、对个人的关注、宽容、颇有办法。总括这十二条，不难发现，学生们希望老师特别是班主任能够民主一些，有一个适合他们成长的"软化"的学习环境。"软化"的环境可以使学生情绪上镇定、安静，意志上振作、向上，可以减少学生的偏激、冲动、生硬等行为，可以缓解学生的紧张度和烦躁感。

在团队当中，沟通的前提是不要让团队的成员抵触自己。要想让自己说的话不受团队其他成员的抵触，就要进行换位思考。这种沟通不仅体现在说话上，还体现在做事情的方式上。

四、培育正确的团队"立人"观念

班级建设为什么选择"雁文化"？大雁是生物界能将"人"字写在天上的最聪明的动物，因此，雁文化也能被解读为"人"文化。

1."人"字可以有四种解读

（1）人有两笔，左边的撇可以理解为一个人的能力、知识、才干等具体的技术；而右边的捺可以理解为一个人的道德素养。一个人的知识能力再好，才干再高，但如果他的德行不行，素养很低，那么也没有多少人会喜欢。也就是说，一个人的知识和才干是需要一个人的德行来支撑的，否则难以成为一个大大的"人"字。所以有人说："一个德盲给社会造成的损失要远远大于一个文盲给社会造成的损失。"

（2）人有两笔，一撇一捺，一长一短，我们可以理解为任何一个人都存在长处和短处，不管是多么伟大的人，也不论是多么渺小的人。如果一个人能够真正认识到这一点，那么，在利用自己特长取得成绩时就不会沾沾自喜、骄傲自满，在自己的短处与别人的长处进行比较时，就不会有多么的自卑。一个人只有充分认识到别人都存在长处和短处，才有可能很好地与别人交往。如果只是盯着某人的长处，容易害了对方，容易迷了自己的眼睛；如果只盯着某人的短处，就会不断地给对方穿小鞋，不利于彼此之间的交往。我们应该充分发挥自己的长处，同时要认识到自己的短处，做到扬长避短。

（3）人有两笔，一撇一捺，一上一下，可以理解为任何人的一生都会存在上坡路，如成功、年轻、强壮等的时候；同时会存在下坡路，如失败、衰老、生病等的时候。一个人只有认识到这一点，才能在自己成功的时候不骄傲、不自满，能以平常心来对待，同时明白自己迟早会出现下坡路；当自己处于失败、生病的状态时，也不会自卑、伤心，同时能明白自己迟早会有走上坡路的时候。

（4）人有两笔，可以理解为一个男人帮助一个女人，一个领导帮助一个下属，一个老师帮助一个学生，一个同学帮助另一个同学等事例。人是一种社会性的动物，人要不断地与人交往，交往中也就是人与人不断地互帮互助的过程，而这种过程也就是互相提高、互相促进的过程。

这一趣味的解读给我们班主任进行班级管理达到共赢局面带来启迪。当然，班主任同人们如果对研究"雁阵效应"有兴趣，不妨先将自己所管理的班级分为若干个小组雁队。建议根据班级里学生的个性、特长等开展合理的分组，每个小组的雁队人数控制在6～7人，力求给所有学生都创造平等参与的机会，这样就可以更好地笃行人本管理的理念，更好地践行"智圆行方"思想，体验分享行为是最智慧的生存之道的人生真谛。

2. 尽职尽责的分担品质

分担，意思是分别承担，代别人担负一部分。

雁千百为群，有一雁不眠，它在做哨兵。在白天，当别的大雁在休息或进食的时候，站岗的大雁则不吃不喝。没有听说过哪个值班的人可以不吃不喝的，但是大雁就可以做到这一点。值班放哨的大雁为什么要这么做？为了保障别的大雁的安全，它需要尽职尽责地守护群雁的安全。

为团队付出时间、精力、热情和智慧，有时可能是一种默默的付出。这种付出，在当时，别人不会觉得这个人为团队作出了特别的努力，但是也只有愿意吃亏的人最后得到的也才最多。团队表达对一个人的高度信任时，就可能交付给他更富有挑战性的工作。

BNS的故事

爱迪生是一个伟大的发明家，同时是一个企业家。他有自己的企业，而且经营得非常成功，所以很多人慕名而来，愿意给他打工，BNS就是其中一个人。

BNS找到了企业的相关部门，表达了自己的愿望，说："我一定要跟爱迪生一起工作，我要做爱迪生的合伙人。"对方认为他要做爱迪生的合伙人，是想一步登天，觉得BNS太不踏实了，所以拒绝了他。但BNS很执着，坚持要求到这个企业工作。对方就说，你想进来工作可以，做合伙人肯定不行，我们现在正好缺一个打扫卫生的，你干不干？这样，BNS就在爱迪生的公司做了很多年，从打扫卫生开始，到后来成了维修机器的工人。但他始终没有忘记自己的目标，这个过程很艰难。

在他干了很多年后，有一天机会终于来了。爱迪生发明了留声机，正发愁怎么把它卖出去。即便是伟大发明家发明出来的东西，在产品面市初期，打开市场仍然是很艰难的。当时很多销售人员回到公司后就开始发牢骚，埋怨这个东西不好卖。牢骚、埋怨是从业人员的特质，这就意味着他们只能贡献60%~80%的力量。但这并不意味着别人也只贡献这些，BNS就想贡献100%的力量。他在卖留声机的过程中，始终在思考我到底怎么卖，我到底怎么在全美国卖。于是一个月之后，他给爱迪生呈交了一份策划书。爱迪生看完后，终于答应让BNS成为留声机项目的合伙人。

爱迪生是怎么看待BNS这件事的呢？给我打工的人，在全球有千千万万，但是BNS是我看到的最好的员工之一，他是能够在他本职工作以外多做事的一个人，这样他才会有机会。

因此，如果没有分担奉献的观念，就不可能多付出。所以，优秀的人得到发展时，不要吃惊，因为他背后已经默默付出了许多。

3. 远离诱惑的忠诚品质

忠诚，简而言之就是捍卫。指真心诚意，无二心，尽心竭力，忠诚无私。

一对大雁，一只大雁被猎人打死，另一只大雁通常就会在不胜其悲的情形下，从高空直冲而下，一头撞在旁边的大石头上，气绝身亡。这是一个很真实的情形，因为大雁是终身配偶，互相忠诚直至牺牲。同样，如何远离诱惑，忠于团队，如何忠于班级价值观呢？

大雁忠诚的品格非常值得我们学习。忠诚铸就信赖，信赖造就成功，一旦具有了对团队高度的责任感和忠诚之心，你就能在逆境中勇气倍增，面对引诱不为所动，从而取得成功。同时，忠诚是一种执着的归属感，一个人不仅意识到自己属于这个团队，而且认为他必须为团队做些什么，才能得到这个团队的认可。所以，忠诚可以确保任务的有效完成，以及对责任的勇敢担当。

任何人都有责任信守和维护忠诚，这是对自己所坚持的信念的最大的保护，而丧失忠诚，就是对责任最大的伤害，也是对自己的品行和操守最大的亵渎。

为坚守忠诚所付出的代价，得到的是荣誉。

为丧失忠诚所付出的代价，得到的是耻辱。

在诱惑颇多的今天，人很容易背叛自己的忠诚，能够守护忠诚就显得更加珍贵。坚守自己的忠诚，需要鉴别力，需要抵抗诱惑的能力，而且需要经得住考验。同时，一个不为诱惑所动，能够像大雁一样经得住考验的人，会赢得更多的机会，还能赢得别人的尊重。

4. 承担责任的弘毅品质

弘毅，指宽宏坚毅；刚强，勇毅。谓抱负远大，意志坚强。出自《论语·泰伯》："士不可以不弘毅，任重而道远。仁以为己任，不亦重乎？死而后已，不亦远乎？"朱熹集注："弘，宽广也；毅，强忍也。非弘不能胜其重，非毅无以致其远。"

大雁南飞是一个团队合作的过程，是一群志同道合的伙伴互相协作、互相鼓励直至实现目标的过程。每年秋天，大雁都会从寒冷的北方飞往温暖的南方。在漫长的迁徙中，并不强壮的它们每次都能成功地飞越千山万水。

事实上，与其他候鸟相比，大雁的生理条件并不出众，它们是如何到达目的地的呢？有人总结道，它们依靠的正是一个团队一股劲、一条心。

漫长的迁徙过程中，总有一只大雁带头搏击茫茫苍穹，领头雁始终保持明确的方向。这给团队的启示是，每个人都应该努力承担责任，竭尽全力。一群人能够长期做到勇敢、乐观和坚持是不容易的，但这种弘毅、坚忍的品质是可以被训练出来的。

案例

在加拿大有这样一个地方，中间隔着一条山谷，两边的景观却是截然不同的。很多人慕名前去参观，很多自然科学家也在进行研究，但始终没有找到原因，最后发现原因的是一对夫妻。这对夫妻的感情生活遭遇了压力，于是他们就通过旅游的方式浪漫了一下，希望能找回昔日的爱情。他们到达山谷后就搭起帐篷，这时却下起了雪。

妻子比丈夫观察得仔细，她说，由于风向的原因，这边的雪比较厚，雪落到松树上，松树的枝叶受力承重到一定程度，雪就掉到地上了。雪继续下，枝叶继续承重，然后雪又掉到地上。因为其他的树没有松树的这种韧性，所以被淘汰了，因此与山谷那边的景观有了差别。丈夫觉得妻子的话有道理，他想，原来生活中所面临的压力，就像这里的松树承受的雪的重量一样。当有这种坚忍的情绪来控制自己的时候，就会意识到有些东西是可以化解的，随着时间的推移，就真的化解了。丈夫理解了妻子的真正用意的时候，两个人就紧紧地拥抱在一起了。

在学习和工作中有没有弘毅坚忍的情绪，将直接影响到做一件事情的持久度。弘毅的情绪是可以修炼的，例如，一个小孩，在很小的时候没有弘毅的品质，饿了、渴了时，他的第一反应就是哭。但随着年龄的增长，人们在面对同样的压力时，有的人能扛得住，有的人却扛不住。这些证明，弘毅的品质是后天才有的，是经过训练才有的。

5. 激发创新潜力的互助品质

互助，是指在人与人之间的关系中，为了实现共同的利益和目标，互相帮助、互相支持、团结协作、共同发展。

在班级集体中，理解爱与被爱的互助品质，是指为团队着想。只有为团队着想的时候，一个人做事情的方法才会有创建性。

在现实中，人做事有以下两个层面：

第一个层面，是在能力层面上做事。当一个人的积极性不高的时候，他只是驾驭了自己的能力，去完成一件事。

第二个层面，是在潜力层面上做事。当一个人的积极性高的时候，他会上升到潜力层面，过去以自身能力达不到的高度，由于调动了全身的细胞，可能会创造性地完成一件事。

所谓创新，就是做一件事情时能找到更好的方法。以前为团队创新地做事情，好像不是每个人的职责，而是企划部或研发部的职责。实际上，创新是每个人都可以做到的。从科学的角度来讲，做任何事情至少有两种方法，这两种方法肯定其中一个比另一个更好。在能力层面上，可能就把这件事情按部就班地做完了。但创新的观念表明，做事情都有更好的方法，当对自己有了这样一个要求时，就已经上升到潜力层面做事了。

皮鞋的发明

从前有个国家，大家都没有鞋穿，也不知道这个东西。有一天，国王到乡间游玩，被石子硌到了脚，于是他很生气，下令把全城的牛都杀了，牛皮铺到路上，这样再走上去就不会硌脚了。

这时，有个小孩说，您既然是为了让自己的脚不被硌，那您就取一小块牛皮，然后把它包到您脚上就好了。今天穿的皮鞋，就是由此演变而来的。

国王的想法在能力层面上能不能实现？能。就是把牛杀了，把牛皮扯下来，用来铺路，这个做法是可以实现的。但是能不能达到他的目标呢？牛的数量是有限的，路却是无限延伸的，即使能把大路铺上，乡间小路可能还不行。而小孩出的主意就解决了这个问题。

6. 激发创新潜力的鼓励品质

鼓励，指激发、勉励，也指振作精神。鼓励使人进步，打击使人落后。无论在东方还是在西方，人们都把由衷的夸奖和鼓励看作人类心灵的甘泉。

在雁群中，后面的大雁会以叫声来鼓励前面的伙伴继续前行，它可以拼尽全力为伙伴加油、呐喊、助威，在这一点上，大雁是无私的。在我们的班级中，同学们也应该像大雁一样，要不断地为同学加油，给他们更多的鼓励。

经过长期观察，人们又发现，在雁群的组织中，它们分工明确，每只大雁都为自己的职责努力着。不管在飞行中遇到了怎样的狂风暴雨，它们始终会心怀美好的愿望，坚信会见到美丽的彩虹；不管遇到了多么凶猛的敌人，它们都会共同抵抗，从不会出现临阵脱逃的现象。每只大雁都把自己的生命置之度外，当危难来临时，它们最先想到的是同伴的安全。在其他大雁休息的时候，雁群中的领头雁却不去休息，它不吃不喝、忍着疲惫，为自己的伙伴站岗放哨。它们为的都是一个共同的目标。

大雁的这种心怀集体、无私奉献的精神深深地震撼着我们的心灵。在日常的学习和生活中，很多事情都不用我们付出太多，只要我们拥有一种奉献的精神，做一点点小事，能给别人带来小小的方便与温暖就可以了，那就是善意的鼓励。我们应该向大雁学习，学习它们可以拼尽全力为伙伴在挑战命运之时加油、呐喊、助威，并且尽自己的全力去帮助伙伴、鼓励伙伴的精神。

第三节　建立智慧的学习型雁阵团队

一、团队的含义及作用

（一）团队的含义

团队，英文为"Team"。1994年，美国圣迭戈大学的管理学教授斯蒂芬·罗宾斯首次提出了"团队"的概念，他认为，团队是指为了实现某一目标而由相互协作的个体所组成的正式群体。而组织行为和人力资源管理专家、美国华盛顿大学福斯特商学院终身教授陈晓萍认为："团队"是由两个或两个以上的人组成的集体，其成员之间在某种程度上有动态的相互关系。

综合国内外学者的观点，团队是在一个特定的可操作范围内，为实现特定目标而建立的，由相互合作、一致努力的若干成员组成的共同体。团队需具备如下条件：

1. 团队需有目标导向

团队的构建、产生及发展，有着鲜明的目标导向性：团队的运行、成员组建、分工协作等，都是基于目标导向而开展的。在团队建设实践中，这个目标可以是团队目标，也可以是团队成员目标。

2. 团队需有分工协作

团队之所以能发挥"1+1>2"的作用，主要在于团队成员在目标导向下的相互合作、一致努力。只有如此，才能实现团队成员的资源整合，提高团队的运行效率。

3. 团队由多成员构成

团队必须由两个或两个以上的成员组成，一个人不能构成团队。在实践中，团队的多成员性往往带来团队的多特质性，如性别、年龄、职位、经历、气质、性格等方面的差异性。

4. 团队需呈现共同体特性

团队的多成员性、多特质性要在团队目标导向的驱动下，形成协同力，即朝着共同的目标，相互协作，形成唇齿相依的连带关系。这就是团队的共同体性。

（二）团队的作用力

1. 最优化的人员组合

（1）团队能够实现成员之间的技能互补。基于目标导向，团队会甄选技能互补的人员作为团队成员，从而尽可能优化团队的技能结构，实现优势互补、相互合作。

（2）团队能够实现成员之间的组合优化。团队会在测评现有成员结构的基础上，进行内部的优化组合，形成团队内的工作小组，实现人员组合最优化。

2. 最大化的资源整合

（1）团队有助于开拓新的资源。资源的不平衡性和稀缺性会严重影响团队的正常运转。实行团队制，可以在组织原有工作不受影响的情况下开拓更多的新领域，完成更多的工作任务。

（2）团队有助于更有效地组合资源以适应环境变化。在复杂多变的环境中，团队工作的模式比传统的部门结构更灵活、反应更迅速，团队能够快速地组合、重组或解散，这可以大大提高组织资源的利用率。

3. 最优化的成员凝聚力及动力

（1）团队能最大化激发成员的凝聚力。每个团队都有特定的团队任务和目标，团队鼓励每个成员把个人目标融入、升华为团队的目标并作出承诺，这就使企业文化建设中的核心问题即共同价值观体系的建立，转变为可操作性极强的管理问题。同时，团队的工作形式要求其成员只有默契配合才能很好地完成工作，促使他们在工作中有更多的沟通和理解，共同面对工作的压力。

（2）团队能最大化激发成员的工作动力。实行团队制，能够起到促进组织成员对工作高度参与和自主决策的激励作用，从而使团队成员们产生巨大的工作动力。团队中的民主气氛和成员对团队，以至对整个组织的归属感，能够提高团队成员的工作参与度，使其通过参与工作满足自身的成就感等心理需求。

4. 最大化的组织效能

（1）团队能够不断完善组织结构。团队有利于改善组织的沟通状况，加强团队成员之间的交流，这有利于弥补组织的一些结构缺陷。而且，团队及其成员有对整体组织的共同承诺，鼓励个体把个人目标升华为团队和组织的目标，共同为组织的目标而努力，从而强化整体组织的结构，提高组织的战斗力。

（2）团队能够营造有价值的企业文化氛围。当在一个非团队组织中，员工往往只关心个人的工作目标，此时他们的工作目标就会与其他同事的工作目标产生摩擦，这种摩擦不仅会造成损失，还会造成员工之间的不愉快。而"不愉快"也会造成损失，这种损失比摩擦造成的损失要大得多。在团队中，团队能够满足个人的归属需要和成员之间的亲和需要，此时，他们会为了整个团队的共同目标而奋斗，也会为了实现团队目标而主动地谋求合作，合作不仅会减少冲突，还可以营造有着强大生命力、生产力的企业文化氛围。

二、学习型雁阵团队组建指引

（一）有效建立学习型团队

如果一个组织想要发挥真正的作用，它必须在本质上是一个学习型组织。学习型雁阵团队指的是：团队促进其成员持续地接受教育和发展，并不断地改造其自身。一个学习型组织有以下五个主要特征：

1. 系统性思维

要清楚，影响整体的变化同样会影响整体中的任何一个部分。解决问题最好的方法是了解每个问题与整个生态系统及整个班级的关系。

2. 个人行为

在班级持续学习和发展的过程中，个人所应有的承诺。

3. 心智模式

愿意挑战自己内心的理论、规范、行为和价值观。

4. 共同愿景

一个共同愿景会激励学生学习，因为它为学习提供了一个共同的身份来创建重点和提供动力。最成功的愿景应当建立在所有团队成员的个人愿景之上。

5. 团队学习

能够公开分享他们学习过程的团队，将大大提高本组织解决问题的能力。那种有助于开展持续对话和讨论及开诚布公、毫无隐晦的沟通文化将加快本组织的增长速度。

只有在那种锲而不舍地学习与交流的灵活文化中，以及领导和团队成员越来越身体力行地实施智能团队加速器的过程中，一个智能团队才能得以生存。

（二）团队角色定位指引

虽然现有的团队角色理论较多，但比较流行且常用的团队角色理论，当数梅雷迪思·贝尔宾（Meredith Belbin）的团队角色理论。贝尔宾博士和他的同事们经过在澳大利亚和英国多年的研究与实践，提出了著名的"贝尔宾团队角色"理论，即一支结构合理的团队应该由8种人组成。学习型雁阵团队组建恰恰可以借鉴"贝尔宾团队角色"理论。

1. 推进者（Shaper, SH）

（1）角色描述：说干就干、办事效率高、自发性强、目的明确、有高度的工作热情和成就感；遇到困难时，总能找到解决的办法；大多性格外向且干劲十足，喜欢挑战别人和传统，好竞争，而且一心想取胜，但缺乏人际间的相互理解，是一个具有竞争意识的角色。

（2）典型特征：思维敏捷；开朗；主动探索。

（3）团队作用：寻找和发现团队讨论中可能的方案；使团队内的任务和目标成形；推动团队成员达成一致意见，并朝向决策行动。

（4）优点：随时愿意挑战传统，厌恶低效率，反对自满和欺骗行为。

（5）缺点：有挑衅嫌疑，做事缺乏耐心。

2. 实干者（Implementer, IMP）

（1）角色描述：非常现实、传统，甚至有点保守，崇尚努力，计划性强，喜欢用系统的方法解决问题；有很好的自控力和纪律性；对团队忠诚度高，为团队整体利益着想而较少考虑个人利益；工作勤奋；有组织能力及实践经验。

（2）典型特征：有责任感；高效率；守纪律；但比较保守，缺乏创造性。

（3）团队作用：把谈话与建议转换为实际步骤；考虑什么是行得通的，什么是行不通的；整理建议，使之与已经取得一致意见的计划和已有的系统相配合。

（4）优点：有组织能力、务实，能把想法转化为实际行动；工作努力、自律。

（5）缺点：缺乏灵活性，可能会阻碍变革。

3. 完美主义者（Completer Finisher，CF）

（1）角色描述：具有持之以恒的毅力；做事注重细节、力求完美；他们不大可能去做那些没有把握的事情，喜欢事必躬亲，不愿授权他人；他们无法忍受那些做事随随便便的人；容易焦虑，不洒脱。

（2）典型特征：埋头苦干；守秩序；尽职尽责；有紧迫感；易焦虑。

（3）团队作用：强调任务的目标；要求并制订活动日程表；在方案中寻找并指出错误、遗漏等；刺激其他人参加活动，并促使团队成员产生时间上的紧迫感。

（4）优点：坚持不懈，精益求精。

（5）缺点：容易为小事而焦虑，不愿放手，甚至吹毛求疵。

4. 协调者（Coordinator，CO）

（1）角色描述：协调者能够引导一群具有不同技能和个性的人向着共同的目标努力；他们代表成熟、自信和信任，办事客观，不带个人偏见；除权威之外，更有一种个性上的感召力；在团队中能很快发现各成员的优势，并能在实现目标的过程中妥善运用。

（2）典型特征：冷静；自信；有控制局面的能力。

（3）团队作用：明确团队的目标和方向；选择需要决策的问题，并明确它们的先后顺序，帮助确定团队成员的角色分工、责任和工作界限；总结团队感受和成就，综合团队建议。

（4）优点：目标性强，待人公平。

（5）缺点：个人业务能力可能不会太强，比较容易将团队的努力归为己有。

5. 凝聚者（Team Worker，TW）

（1）角色描述：善于与人打交道，善解人意，关心他人，处事灵活，有适应周围环境和人的能力，很容易将自己融入团队；对任何人都没有威胁，是团队中比较受欢迎的人。

（2）典型特征：擅长人际交往；合作性强；性情温和；敏感。

（3）团队作用：给予他人支持，并帮助别人；打破讨论中的沉默；采取行动扭转或克服团队中的分歧。

（4）优点：随机应变，善于化解各种矛盾，促进团队合作。

（5）缺点：在危机时刻可能会优柔寡断，不太愿意承担压力。

6. 外交者（Resource Investigator，RI）

（1）角色描述：外交者是热情的、行动力强的、外向型的人；无论公司内外，他们都善于和人打交道；他们与生俱来是谈判的高手，并且善于挖掘新的机遇、发展人际关系；他们性格开朗外向，所以无论到哪里都会受到欢迎；他们为人随和、好奇心强，乐于在任何新事物中寻找潜在的可能性。

（2）典型特征：性格外向；热情；好奇；联系广泛；消息灵通。

（3）团队作用：提出建议，并引入外部信息；接触持有其他观点的个体或群体；参加磋商性质的活动。

（4）优点：有广泛联系他人的能力；不断探索新的事物；勇于迎接新的挑战。

（5）缺点：事过境迁，兴趣马上转移。

7. 智多星（Planter，PL）

（1）角色描述：智多星创造力强，充当创新者和发明者的角色；他们为团队的发展和完善出谋划策；他们通常更倾向于与团队其他成员保持距离，运用自己的想象力独立完成任务，标新立异；他们对于外界的批判和赞扬反应强烈，持保守态度；他们的想法总是很激进，并且可能忽略实施的可能性；他们是独立的、聪明的、充满原创思想的。但他们可能不善于与那些和自己气场不同的人交流。

（2）典型特征：有个性；思想深刻；不拘一格。

（3）团队作用：提供建议；提出批评并有助于引出相反意见；对已经形成的行动方案提出新的看法。

（4）优点：才华横溢；富有想象力；智慧；知识面广。

（5）缺点：高高在上；不重细节；不拘礼仪。

8. 监督者（Monitor Evaluator，ME）

（1）角色描述：严肃、谨慎、理智、冷血质；不会过分热情，也不易情绪化；与群体保持一定的距离，在团队中不太受欢迎；有着很强的批判能力，善于综合思考、谨慎决策。

（2）典型特征：冷静，不易激动；清醒；谨慎，精确判断。

（3）团队作用：分析问题和情景；对繁杂的材料予以简化，并澄清模糊不清的问题；对他人的判断和作用作出评价。

（4）优点：冷静；判别能力强；讲求实际。

（5）缺点：缺乏鼓动和激发他人的能力；自己也不容易被别人鼓动和激发。

（三）学习型雁阵团队角色定位测试指引

第一步：实训前准备，教师准备好贝尔宾团队角色自测问卷和自测表。

团队角色自测问卷（Belbin Team Roles测试）

对下列问题的回答，可能在不同程度上描述了您的行为。每题8句话、10分，请将10分分配给这八个句子。分配原则：最能体现您行为的句子，得最高分，依此类推。可以将这10分只分给某一个句子或几个句子，有的句子可以不得分，但要求必须将这10分分完。根据您的实际情况将分数填入后面的表中。

一、我认为我能为团队作出的贡献是：

A. 我能很快地发现并把握住新的机遇。

B. 我能与各种类型的人一起合作共事。

C. 我生来就爱出主意。

D. 我的能力在于，一旦发现某些对实现集体目标很有价值的人，我就及时把他们推荐出来。

E. 我能把事情办成，这主要靠我个人的实力。

F. 如果最终能导致有益的结果，我愿面对暂时的冷遇。

G. 我通常能意识到什么是现实的，什么是可能的。

H. 在选择行动方案时，我能不带倾向性，也不带偏见地提出一个合理的替代方案。

二、在团队中，我可能有的弱点是：

A. 如果会议没有得到很好的组织、控制和主持，我会感到不痛快。

B. 我容易对那些有高见而又没有适当发表出来的人表现得过于宽容。

C. 只要集体在讨论新的观点，我总是讲得太多。

D. 我的客观看法，使我很难与同事们打成一片。

E. 在一定要把事情办成的情况下，有时我会使人感到特别的强硬以至专断。

F. 可能由于我过分重视集体的气氛，我发现自己很难与众不同。

G. 我易于陷入突发的想象之中，而忘了正在进行的事情。

H. 我的同事认为我过分注意细节，总有不必要的担心，怕把事情搞砸。

三、当我与他人共同进行一项工作时：

A. 我能在不施加任何压力的情况下，去影响其他人的能力。

B. 我随时注意防止粗心和工作中的疏忽。

C. 我愿意施加压力以换取行动，确保会议不是在浪费时间或离题太远。

D. 在提出独到见解方面，我是数一数二的。

E. 对于与大家共同利益有关的积极建议我总是乐于支持的。

F. 我热衷于寻求最新的思想和新的发展。

G. 我相信我的判断能力有助于我作出正确的决策。

H. 我能使人放心的是，对那些最基本的工作，我都能组织得井井有条。

四、我在工作团队中的特征是：

A. 我有兴趣更多地了解我的同事。

B. 我经常向别人的见解进行挑战或坚持自己的意见。

C. 在辩论中，我通常能找到论据去推翻那些不甚有理的主张。

D. 我认为，只要有了计划就必须开始执行，我有推动工作运转的才能。

E. 我不在意使自己太突出或出人意料。

F. 对承担的任何工作，我都能做到尽善尽美。

G. 我乐于与工作团队以外的人进行联系。

H. 尽管我对所有的观点都感兴趣，但这并不影响我在必要的时候下决心。

五、在工作中我得到满足，因为：

A. 我喜欢分析情况，权衡所有可能的选择。

B. 我对寻找解决问题的可行方案感兴趣。

C. 我感到，我在促进良好工作关系的形成。

D. 我能对决策有强烈的影响。

E. 我能适应那些有新意的人。

F. 我能使人们在某项主要的行动上达成一致的意见。

G. 我感到我的身上有一种能使我全身心地投入到工作中去的气质。

H. 我很高兴我能找到一块可以发挥我想象力的天地。

六、如果突然给我一件困难的工作，而且时间有限，人员不熟：

A. 在有新方案之前，我宁愿先躲进角落，拟定出一个解脱困境的方案。

B. 我愿意与那些表现出积极态度的人一道工作。

C. 我会设想通过用人所长的方法来减轻工作负担。

D. 我有天生的紧迫感，这将有助于我们不会落在计划的后面。

E. 我认为我能保持头脑冷静，富有条理地思考问题。

F. 尽管困难重重，我也能保证目标始终如一。

G. 如果集体工作没有进展，我会采取积极的措施加以推动。

H. 我愿意展开广泛的讨论，意在激发新思想，以便推动工作。

七、对于那些在团队工作中或与周围人共事时所遇到的问题：

A. 我很容易对那些阻碍前进的人表现出不耐烦。

B. 别人可能批评我太重分析而缺少直觉。

C. 我有做好工作的愿望，能确保工作的持续进展。

D. 我常常容易产生厌烦感，需要一两个有激情的人使我振作起来。

E. 如果目标不明确，让我起步走是很困难的。

F. 我遇到复杂的问题时，有时不善于加以解释和澄清。

G. 那些我不能做的事，我会有意识地求助他人。

H. 当我与真正的对立面发生冲突时，我没有把握使对方理解我的观点。

自测表

班别：_____　姓名：_____　学号：_____

题号	IMP	CO	SH	PL	RI	ME	TW	CF
一	G	D	F	C	A	H	B	E
二	A	B	E	G	C	D	F	H
三	H	A	C	D	F	G	E	B
四	D	H	B	E	G	C	A	F
五	B	F	D	H	E	A	C	G
六	F	C	G	A	E	B	D	
七	E	G	A	F	H	B	H	C
总分								

备注：

行动类：推进者SH；实干者IMP；完美主义者CF；

社交类：协调者CO；凝聚者TW；外交者RI；

思考类：智多星PL；监督者ME。

第二步：学生填写贝尔宾团队角色自测表，并根据小组成员的测试结果填写实训表。

第三步：团队内部分享测评结果，并在交流探讨中，由团队领袖填写。

团队成员角色实训表

姓名：_____ 学号：_____ 小组号：_____ 成绩：_____

姓名	测试结果	姓名	测试结果	姓名	测试结果

请小组在测试结果的基础上，结合成员间的相互讨论，分配团队角色。

拟定角色	拟定人选（可以有多人入选）	拟定理由
实干者		
协调者		
推进者		
智多星		
外交者		
监督者		
凝聚者		
完美主义者		

第四步：抽取一个小组作为代表，分析贝尔宾团队角色测试及分配结果。

第五步：教师点评测试结果，并进一步回顾贝尔宾团队角色理论。

（四）借助愿景驱动团队前行

人类的大脑寻求的是安全感、归属感和自信心。命令式与控制型领导早已过时，愿景才能驱动人才的发展。恐惧或许能推动人们前行，但这种方法是不可持续的，最终会导致人们或者疲惫不堪，或者极端的冷漠敷衍。而那种新的、更好的、有诱人回报的未来图景，则能打动、吸引和推动人们向前，并且使人从情感上投入其中。

借助于愿景，团队成员就能创建、热爱大家所做的事情，工作更长的时间，而工作的兴奋感，使得大家做更多的工作，从而驱动团队更好地前行。

1. 团队愿景需要高清晰度

无论对于愿景还是沟通来说，清晰度都是至关重要的。清晰度还可以起到一种简化的作用，也就是我们选择的是清楚方式还是隐晦方式。这个选择能够决定我们与之打交道的那个人是取得成功还是陷于苦恼挣扎之中，而有时候，那个人就是我们自己。

对于领导工作而言，清晰度也是至关重要的。当我们清楚我自己的目标时，我们会感到上下团结一致、干劲倍增，而我们的团队，由于有一个清晰的前景，队员也会深受鼓舞。那么，为什么清晰度有时很难做到呢？因为要真正做到清晰，意味着我们需要花时间去发现我们需要什么，并把它清晰地表达出来，以及确保对方理解我们的意图。

沟通的意义在于对方理解了什么，而不是你说了什么，或者你打算说什么，或者你"真正的意思"是什么。你的重任是确保对方理解了，而如果他们没有理解，那就试一试，再试一次。

2. 团队愿景清晰度有三个维度

（1）说话要清晰（说出我们真正的意思，或表达出我们真正需要的东西）。

（2）远见和计划要清晰（我们的现状、我们的目标，以及我们实现目标的方法）。

（3）我们的意图和能力要清晰（对于希望我们团队获得的成果要具体和全面）。

3. 详细而准确地阐明团队愿景

清晰的语言要求我们增加明确的沟通语言和要求，而减少隐晦的沟通语言和要求。明确的要求，就是说话要直截了当，也就是详细而准确地阐明我们的要求。

（五）激发雁阵团队的竞争活力

1. 领头雁的影响力

影响力是指你可以激励多少人而不是可以命令多少人。不是指你可以指挥多少人去做什么，而是指你能理解、授权和激励多少人。所以，增强影响力的关键是提高你在与他人建立融洽的关系或情感维系方面的能力。而发展融洽关系的关键，又在于要有灵活的行为立场和抱有进入别人内心世界的愿望。

领头雁具有很好的影响力，所以它会感到游刃有余，诸事顺利，而团队成员会觉得领头雁很能干，并且具有很强的协调能力。

高效的雁阵团队的组成人员，要担负着各自不同的关键角色（包括协调人、考核人、提议人、执行人、对外联络人、督导人和团队精神营造人）。作为领头雁，除了担当团队精神营造人之外，还要确保所有这些角色都有人担任，而有的人是需要担任多种角色的。

要使团队运转良好，若干不同职责必须要有人担当，不是各自单干，而是集中合作。领导者的角色就是建立一个凝聚力强的团队，在这里，个人利益和团队利益是一致的。

领头雁要允许团队成员自己寻找最好的方式来完成，当然，领头雁要给出认为必要的改进建议。这样，就能促使团队成员更充分地发挥自己的才能，让每个人都能行使为团队思考和贡献智慧的权利。

2. 引进鲇鱼效应竞争机制，激发团队活力

团队必须导入良性竞争机制。如果团队管理者不想让下属成为"温水里的青蛙"，就一定要引入竞争机制，从内部来讲，团队的成员也要有竞争意识。提倡竞争型团队有两个目的：一个是提高自身水平和技能的需要；一个是完成团队目标的需要。要做到这两点，需要一种良性的竞争制度来做保障，例如，遵循公平、公正、公开原则的奖励制度等。

但是，在建立内部竞争机制的时候，要注意成员相互之间是竞争，而不是斗争，这种竞争是在理性的、合作的基础上建立的。因为团队建设中，协作是团队的核心精神，用合作与竞争来激活团队的气氛，激发成员的竞争意识，避免班级学习活力欠佳的现象。

心理学效应中的鲇鱼效应的根本就是一个管理方法的问题，而应用鲇鱼效应的关键就在于如何应用好鲇鱼型人才。

挪威人喜欢吃沙丁鱼，尤其是活沙丁鱼。市场上活沙丁鱼的价格要比死沙丁鱼的价格高许多。所以渔民总是千方百计地想办法让沙丁鱼活着回到渔港。可是，虽然经过种种努力，绝大部分沙丁鱼还是在中途因窒息而死亡。但有一条渔船总能让大部分沙丁鱼活着回到渔港。船长严格保守着秘密，直到船长去世，谜底才被揭开。原来是船长在装满沙丁鱼的鱼槽里放进了一条以沙丁鱼为主要食物的鲇鱼。鲇鱼进入鱼槽后，由于环境陌生，便四处游动。沙丁鱼见了鲇鱼十分紧张，左冲右突，四处躲避，加速游动。这样一来，一条条沙丁鱼就活蹦乱跳地回到了渔港。这就是著名的"鲇鱼效应"。

鲇鱼效应对于"渔夫"来说，在于激励手段的应用。渔夫采用鲇鱼来作为激励手段，促使沙丁鱼不断游动，以保证沙丁鱼活着，以此来获得最大利益。在班级管理中，班主任要实现管理的目标，同样需要引入鲇鱼型人才，以此来改变班级相对一潭死水的状况。

鲇鱼效应对于"沙丁鱼"来说，在于缺乏忧患意识。沙丁鱼型团队成员的忧患意识不强，一味地想追求稳定，但现实的生存状况是不允许沙丁鱼有片刻的安宁。"沙丁鱼"如果不想因窒息而亡，就应该也必须活跃起来，积极寻找新的出路。

在组织构建竞争型雁阵团队时，通过班级内部的评选机制制造鲇鱼队伍。班级要想保持创新能力和竞争力，建立上下一心的鲇鱼队伍是关键所在。鲇鱼效应对于"鲇鱼"来说，在于自我实现。鲇鱼型人才是班级管理必需的。对于鲇鱼型人才来说，自我实现始终是最根本的。

成功的班级雁阵团队不但清楚自己团队的目标是什么，更重要的是和班级的发展目标相结合。因此，为了鼓励班级内的团队竞争，通过设置内部群体之间的有序竞争去激发团队的内部动力，使得班级的每一位学生始终处于精神饱满的学习和工作状态。

第四章

「五立」雁文化育人模式下的班级建设新探

学校德育应该求真务实，放下功利化思想。现在，德育教育中存在很多形式化、功利化的东西，学校德育教育的实施者站在学校甚至政府的层面上思考问题，所实施的德育活动变成了粉饰的工具，而学生则成为"表演"的工具。从效果上看，表现的风风光光，效果卓著，实质上对于学生而言，对于这种"演"的、假的德育活动，他们的过程感受并不美好。厌恶之则远之，久而久之，各种德育表演对于学生反而成为一种累赘与负担。

那么，什么才是德育的真呢？真，首先得是真实的真，应该是关注学生的本质需要，并以学生的发展为目的开展德育教育。真，还应该是实实在在、踏踏实实做实事，不弄虚、不做假。

工作室曾前往珠海、中山、顺德三地交流学习，体验到无论是珠海市斗门一中的德育特色——"教育咨询"，还是中山市石岐区西厂小学的"活力德育"，或是顺德顺峰中学的"和美德育"，无一不是紧紧抓住中小学德育的"真"，关注学生的本质，踏踏实实地抓好培养学生学习、生活习惯的工作方向，利用本地区或本校的特色为学生、社会提供有用的服务，有目的、有步骤、有策略的一步一个脚印地去实践。

例如，中山市石岐区西厂小学的"数学超市""一分钟实验室"等特色项目，关注的就是小学生爱玩这个天性，真真实实地为孩子们的成长提供模拟场景，培养学生的数学思维、管理能力、与人交流能力，通过孩子们在"数学超市"的活动经历，对孩子们做了诚信的教育。

又如，顺德顺峰中学每到8月31日家访日，全校老师都要到学生家里了解情况。这个举动感动着所有的顺德人、大良人，乃至于"家访日"当日，家长们一看到身穿红色校服的顺峰中学教师就主动停车要求搭载老师至其家访目的地。这些都是德育归真的好标的。德育，只有"真"才能绽放纯洁的花，才能培养更加纯粹的"花朵"。

第一节　雁阵模式——倾力于研究班级文化建设

班级文化是校园文化的重要组成部分，也是形成班集体凝聚力和良好班风的载体。班级文化对学生的教育是潜移默化的，富有内涵的班级文化直接影响着学生的个性培养、道德习惯的形成，知识的增长。为此，我们提出开展"五立"雁文化育人模式下的教室文化建设的活动，希望通过班级文化建设给学生营造一个舒心开怀、励志奋进的生活环境和学习环境。

一、温馨的班级环境文化建设

教室环境是班级形象的标志之一。美化教室环境，既建设了良好的班级形象，也可以用优美的环境陶冶人。心理学研究证明，自然环境、社会现实会对人的心理产生巨大影响。优美的教室环境能给学生增添生活和学习的乐趣，消除学习后的疲劳。更重要的是，优美的学习环境有助于激发学生热爱班级、热爱学校的情感，促进学生奋发向上，增强班级的凝聚力。

1. 教室的净化

教室卫生是班级的窗口，是文明的标志。要保持干净的教室环境，需要培养学生良好的卫生习惯，制订严格的卫生公约，教室地面干净无杂物、门窗干净无尘土、桌凳整齐，人人参与，卫生工具摆放整齐，加强检查和监督，保持教室的清洁和美观。

2. 教室的绿化

绿色象征青春和活力，代表着希望。在教室的前面和后面可摆放一些绿色的植物，如盆景、花草等，绿色植物布置恰当，教室会更美观大方，让教室充满绿色，空气清新，充满青春的气息。

3. 教室的美化

要发动学生们亲自精心设计、巧妙布置，力求教室环境和谐；班级墙面布置主题明显，能反映班级的整体精神追求；教室布置还应该包括：班级发展目标、班级文化宣传等内容。

4. 教室的雅化

作为班级文化建设的重要一环，设计和悬挂高雅的班徽、字画、班级口号等无疑能体现班级文化的核心内容，是班级对外面貌的象征和升华。

二、聚心的班级精神文化建设

班级精神文化属于观念形态层，是班级文化的核心内容，包括班级精神、班级凝聚力、团队意识、班级文化活动等内容。这些内容反映了学生的价值观、人生观等深层次的文化，认同感强。

1. 班级精神的培养

一个班级要有班魂，也就是班级精神。这种精神要在班级成立之初有意识地去培养，逐步让学生理解接受，根植在全体学生的心里。班徽设计：能展现班级的凝聚力、班风、学风和奋斗目标；班训口号：能反映班级目标，朗朗上口，响亮。

例如，把"拥有青春，快乐生活每一天""珍惜青春，迈好青春每一步""无悔青春，美好回忆每一刻"等理念灌输给学生，引导学生在实践中慢慢培养并形成积极向上的班级精神。

2. 班级凝聚力的培养

班级凝聚力是在多因素共同作用下形成的。其中，最能调动一个班级学生情感的、最能体现班级凝聚力的莫过于一年一次的校运会。在校运动会期间，一方面，尽可能地动员每一名学生参加运动会，同时，把没机会参加运动会的学生组成宣传组、后勤服务组、卫生清洁组、安全保卫组，让每名学生都能参与到校运动会中，让他们懂得每一个人都应该为班集体出一份力。每次运动会，我班的各项活动都能在紧张而又有序的气氛下进行，往往是既取得了良好的运动成绩，又增强了班级的凝聚力，收获非常大。

3. 班级活动的开展

人的能力在活动中得到培养和锻炼，班级活动是班级文化建设的有效途径之一。班级活动一般可以分为两类：一类是学校组织的活动，如军训、运动会、艺术周等。这类活动规模大、影响深，对于形成健康向上、团结进取的班级团队精神能起到很大的作用。另一类是班级内部的活动，如班会、辩论会、演讲会、兴趣小组等。这些活动内容广泛、形式多样，能对学生的思想、观念起到潜移默化的作用。

4. 优化人际关系

构建和谐的人际关系对精神文化建设有着重要的意义。班级里有两种非常重要的人际关系要处理好：生生关系和师生关系。

教育学生处理好同学关系，包括以下内容：提倡助人为乐；心中有他人；看人要先看别人的优点和长处；正视自己的缺点和不足；培养学生的幽默感；要有团队意识和合作精神。

处理好师生关系，则要注意以下几个问题：教师首先要热爱学生；教师要提高自身素养和人格魅力，让学生喜欢自己；教师应通过自己的言行树立威信；教师要培养民主作风；教师要了解学生的心理特点，用发展的眼光看待学生；教师对学生不抱成见和偏见，公平对待全体学生；当与学生发生冲突时，教师要善于理解学生。

三、自信的班级制度文化建设

班级制度文化建设，主要以中学生日常行为规范和学校的相关制度为依据，同时根据班级实际，体现班级特色。班级制度文化建设是形成良好班风的必要条件，要十分重视。我班根据实际情况制定了以下班级制度：班级学生综合素质考核制度、班级一周工作总结制度、班干部定期会议制度、突发事件处理制度、卫生管理制度等。

制定和实施制度应从五个方面加以注意：

1. 抓好建班伊始

俗话说："好的开始等于成功了一半。"新生入校之际、班级成立之初都是制度建设的好时机。学生刚入校门，就要做好入校教育，要让每一位学生了解规范，重视行为规范的落实，同时制定班级的规章制度。

2. 要让每一位学生了解规范，重视行为规范的落实，同时制定班级的规章制度

（1）班级事务分工明细：职责明确，确保班级的自动运转。例如：课表、班干部任职表、值日生表、其他事务分工表等。

（2）班级常规管理制度：管导结合，确保班级的自律自觉。例如：班级教室环境公约、学业管理制度、其他富有个性的管理制度等。

3. 重视学生意见

学校教育的主体是学生，学生是班级的主人，所以在班级制度文化建设过程中，要充分尊重学生的意见。班级制度可以通过学生讨论、班委修改、最后全班学生投票的方式来制定，这样制定出来的制度才会得到学生的认可，才会有生命力和实效性。

4. 制度的实施要持之以恒

制度的执行一定要长期坚持，不能朝令夕改，更不能只制定不执行。要长期坚持、注重落实。

5. 制度的实施要公开、公平、公正

班级制度是针对全体学生的，不能因为某些学生成绩好或者老师偏爱某个学生，就对这个学生的问题回避或从轻处理。规章制度的实施一定要公开、公平、公正。制度从实施之日起，就要保证它的公正性。

四、"雁阵效应"与班级文化建设的融通

班级文化建设是校园文化建设的重要组成部分，它以其生动活泼的形式，积极健康的导向，滋润着学生们的心田，熏陶着学生的心灵。在始终把立德树人作为学校教育的根本任务的精神指导下，我们认为"雁阵效应"同样可以应用于班级管理！在一个团队里面，每个人都是独一无二的，每个人的才智、潜能都是独特的。在班级管理中，班主任要树立"人本管理"的理念，发挥每一个团体队员的个体优势，促进团体合作共赢。

（一）雁阵班级文化与家文化融合

从实践的层面积极探索雁阵班级个性化文化建设的内涵、特征、类型的本质内容，以及个性化班级文化建设的有效策略，构建新型的个性化班级管理模式，为学生的成长创造良好的文化环境和氛围，创建一种充满人情味的个性班

级文化，以促进学生的团队合作意识，全面、和谐与可持续地发展。

优秀的班级特色文化对班级建设发挥着重要作用：班级特色文化类似于家文化，具有凝聚作用、导向作用、激励作用、约束作用等。班级特色文化包含德育规范管理的相关内容，而且班级管理本身也体现着班级特色文化。在班级行为中哪些不该做、哪些不能做，正是班级特色文化、班级精神发挥的"软"约束作用的结果，是一种免疫功能。约束力能够提高班级成员的自觉性、积极性、主动性和自我约束性，使全体成员明确自发管理的意义和自发管理的方法，从而提高班级成员的责任感和使命感。

班级特色文化是一种巨大的教育力量，是全班学生个性发展的舞台，同时，班级特色文化也为学生的个性发展提供了参照理念。马克思指出："只有在集体中，个人才能获得全面发展，也就是说，只有在集体中才可能有个人的自由。"

（二）雁阵班级文化与欣赏文化融合

班级的特色文化建设是一项细致而又艰苦的提升班级管理实效的过程，在这个建设过程中，建立亲和、民主、平等的师生关系，以及团结、友爱、互助的生生关系，营造彼此欣赏、相互学习的良好氛围，是提升班级特色文化乃至创造品牌班级的基础。创建以"雁文化"为特色的班级文化研究，对于直接、间接作出贡献和成绩的同学，对健康的班级特色文化建设产生积极作用的人和事，都应该及时给予肯定和奖励。

班级特色文化，简单地说，就是班级风貌，是区别于本班级与其他班级的核心元素。班级的管理，说到底就是打造特色班级文化。众所周知，班级是学校的细胞，是学校教育活动最基本、最稳定的基层组织，也是学生们享受学习与生活的基层集体。班级特色文化是学校特色文化的重要组成元素、支撑点和归宿点，对于一所学校的健康发展有着深远的影响。而"雁文化"的理念精神丰富了班级文化的特色，旗帜鲜明地指引班级创设雁文化阵地，这些都是课题提倡的班级特色，无论是在导向性、驱动性、规范性、渗透性、凝聚性、激励性，还是在彼此欣赏、取长补短等班级特色文化的特性方面都应该具有一定的正能量。

因此，作为班主任和众多的德育工作者，要及时赞扬与欣赏和班级特色文化相一致的思想和行为，积极发现和引导与班级特色文化建设相背离的行为，使学生改正缺点成为一种自发自觉的行为，使赞扬和彼此欣赏成为班级特色文化建设和实现班级管理实效的主流思想。班级的特色文化建设意义非凡，今后还需德育工作者们继续探索研究！

（三）雁阵班级文化与感染文化融合

以班级管理中如何创建班级特色文化为主阵地，班主任在工作中要致力于精心打造特色雁文化班级。在日常班级管理工作中，要注意用美好的事物熏陶学生，用恰当的方式激励学生，注意并重视学生的感情、心理发展状况，班主任可以用父母之爱、朋友之情、恩师之德、慈善之心去多维度地感染学生；注意科学、理性地引导学生学会学习、正确看待考试，处理人际关系和感情纠纷等切身事件，以平常心对待任何事。

班级特色文化是班级所有成员共同形成的独特的处世价值观，它是班级的灵魂所在，是班级存在和发展的动力与成功的关键，是践行中小学生社会主义核心价值观的具体表征，在每位学生成长和成才历程中有着不可估量的重大作用。最终，从实践雁文化的班级发展品牌来看，特色班级特色文化之雁文化已成为校园文化一道亮丽的风景线。

对于作者而言，20多年的班主任工作经历，不仅丰富了自己的人生阅历，同时也让自己的教育教学能力有了长足的发展。这些年里，与其说班主任感染和成就了学生们的思想境界与未来前程，不如说学生们感染和成就了班主任的事业真谛与人文素质。

五、"五立"雁文化育人模式下班级精神文化建设实践

俗话说得好，有什么样的将军，就有什么样的兵；有什么样的领导，就有什么样的下属；有什么样的上级，就会有什么样的班子。也听人说过："兵强则强一个，将强则强一窝。"在此，我想引申为："学生强则强一个，班级精神文化强则强一窝。"

（一）潜在意义

班级精神文化建设日益成为当今学校德育管理中重要的研究课题，也成为校园文化建设中的主要着力点。班级精神文化具有一种无形的教育力量，其中的班级名誉、形象、品牌和影响力已经成为班级不可估量的无形资本。在班级精神文化建设过程中占据着十分显著的地位，在很大程度上影响和决定着学生

素质的发展。

从这个意义上讲，班级精神文化建设就是要提高班级核心竞争力，以班级精神文化推动班级发展，这是提高班级核心竞争力的关键因素。但什么是班级精神文化呢？如何建设班级精神文化呢？建设班级精神文化有哪些途径呢？

（二）内涵特点

班级精神文化的内涵实质是指在一定的校园文化条件下，通过各种实践所形成的并为全体班级成员遵循为核心的独特的文化管理模式，是一种凝聚人心以实现自身价值、提升班级竞争力的无形力量和资本。它必须符合社会主义核心价值观，符合学生个体发展需求和社会对人才标准的要求，它是班级全体成员思想观念的集中反映。班级精神文化的主要内容是班级价值观、班级学风、班级成员共同遵守的道德行为规范。

成功并且富有内涵的班级精神文化必须具备以下特点：简明易懂、以理服人，令人心悦诚服；得到广泛认同的价值观；出现在价值观的指导下成功实施的实践与验证；使班级全体成员产生使命感；使班级成员对班级、班级其他成员、班级象征标志产生感情。这也是班级精神文化建设的内在驱动力。

（三）有效任务

班级精神文化作为班级管理的产物，作为班级凝聚和激励全体学生的重要内驱力，作为班级发展的重要资源。就班级精神文化建设的主要有效任务来讲，主要有四个方面：

（1）依附校园文化的管理思想，规范班级成员行为。

（2）树立班级成员集体主义理念，铸造班级精神支柱。

（3）注重班级里各类人才开发与培养，激活求思进取的动力机制。

（4）弘扬班级中的各种好人好事与楷模，展示健康的班级形象。

建设有效的班级精神文化，要坚持班级全体成员共同健康发展至上的原则，能使学生始终感到用激情在激励他们，激励心中的目标一个接一个出现，这样的班级理所当然地会在各种竞争中脱颖而出，成为强者中的强者。

（四）实践途径

优秀的班级精神文化对班级发挥着重要作用：班级精神文化具有凝聚作用、导向作用、激励作用、约束作用。班级精神文化包含规范管理的相关内容，而且管理本身也体现着班级精神文化。在班级行为中哪些不该做、哪些不能做，正是班级精神文化、班级精神发挥的"软"约束作用的结果，是一种免疫功能。约束力能够提高班级成员的自觉性、积极性、主动性和自我约束性，使全体成员明确自发管理的意义和自发管理的方法，从而提高班级成员的责任感和使命感。

20多年的班主任实践，我始终信奉一个理念：即拥有一个明确的共同价值取向的班级目标文化，比那些班级精神文化不明显、团队意识不强的班级具有更高的绩效水准。班主任与学生、学生与学生之间通过有效的沟通，能保证教育管理传递的速度与质量，提高学生的归属感与责任感，进一步增强优秀班集体的凝聚力。

1. 班级座右铭

"正义道德，天下为公！学无止境，达者为先！"这十六个字十年来一直张贴在我们班级的两侧的墙上。

（1）何谓"正义道德"

无可置疑地说：任何道德追求的至高境界都应该是正义！如果一种道德原则寻求的不是正义，它就没有必要存在，而且它还很可能足以伤害到正义。

正义被2000多年的儒学实践史屡次验证，我们发现：不管是在乱世也好，治世也好，那些为民请命的人，那些坚持正义的人，那些勇于负责的人，那些坚定不屈的人，那些知难而进的人，那些力挽狂澜、扭转乾坤的人，那些虽不能平天下却足以治国的人，他们是英雄、侠士、孤臣、怪杰，他们就是正义的君子。

我借"正义道德"四个字，向学生们诠释了"凡事要有正气"，应该要遵守学校的各种校纪校规，不迟到，不早退，上课认真听讲，认真完成作业；遇事要多思考，遇到难题要知难而上，不可得过且过，偷工减料；等等！如此一来，树立了学生辨别是非的能力，保证了班级健康的良好班风建设。

（2）何谓"天下为公"

"天下为公"出自《礼记·礼运》："大道之行也，天下为公。"原意是天下是公众的，天子之位，传贤而不传子，后成为一种美好社会的政治理想。国人对"天下为公"这四个字，因孙中山的推崇而非常熟悉。

我借"天下为公"四个字，向学生们阐明天下是公众共同拥有的，以此过渡到班级是同学们所共同拥有的，所有同学都应该共同维护、共同建设、同舟共济、团结友爱才是王道!

（3）何谓"学无止境，达者为先"

"学无止境"指学习是没有尽头的，激励人们奋进。它的出处是清朝刘开的《问说》："理无专在，而学无止境也，然则问可少耶？"关于学无止境的故事古今中外数不胜数，一个个故事不断地激励和鞭策着我们奋进。

我借"学无止境，达者为先"这8个字，向学生们昭示人的一辈子要学的东西总会有的，社会在发展，人类在进步，学海无涯，学习知识是不分谁先谁后的，谁先学会就是前者，就是我们的老师。以此激励同学们积极向上，互帮互助，共同进步，形成良好的良性竞争机制。因此，我的班级里在各层次重大考试中，曾经问鼎全年级前十名的同学为数众多，换句话说，就是势均力敌的同窗好友众多。这也是我们班高考竟然能多位同学同分数考上中大、华工的原因之一，故而有家长戏称我们班是"批发优秀人才的摇篮"。

2. 班级目标

班级目标是一种隐性的教育力量，表现出一个班级独特的风貌和精神，这种班级独特的风貌和精神，自觉或不自觉地通过一定的形式影响着学生的行为。有了目标，我们才知道要往哪里去，去追求些什么。没有目标，生活就会失去方向。

人们生活的动机往往来自两样东西：不是要远离痛苦，就是去追求欢乐。培养学生乐观的积极思想，勇于面对各种挑战！譬如：口袋里共有100元，不小心丢了90元，这时就要看人的心态了。消极思想，现在只剩下10元钱了；积极思想，现在还有10元钱。目标可以让我们把心思紧系在追求欢乐上，而缺乏目标则会让我们专注于避免痛苦。同时，目标甚至可以让我们更能够忍受痛苦。故而，我们班里的同学在高中的学习和生活中，总觉得丰富精彩和快乐充实，因为他们始终有一个骄傲的奋斗目标源动力在为之加油和喝彩！

3. 班训："正义，团结，勤学，笃行"

班训是班级学风的注解，学生言行的警示和忠告，它从定势心理、认可心理和强化心理出发，指明了班级的努力方向与行动准则，构成了校园、教室文化的重要组成部分。班训的地位作用决定了它的下列功能：导向功能、规范功能、激励功能和凝聚功能等。我坚信，学校教育第一教义应该是培养遵纪守法的社会公民，故而"正义"是我带班级的班训之首，进而提倡促"团结，勤学，笃行"，使班级成员始终拥有坚定的精神支撑和力量源泉。

4. 班干部职责与担当

班长：

班长是全班同学的领头雁，肩负着带动全班同学发展进步的重要责任，对班上的学习、纪律、劳动、卫生和生活情况全面负责，必须各方面严格要求自己，起到表率作用。

（1）团结全班同学，组织协调各班委的工作。

（2）班主任不在时全面负责班级各项工作，及时处理班级中出现的问题。

（3）协助任课老师维护教学纪律。

（4）及时了解班级同学的思想动态和各种例外情况，向班主任反映、汇报。

（5）及时全面传达学校各项政策及工作安排，保质保量地完成各项工作。

（6）每两周召开一次班委会议并做好会议记录。

（7）管理班费的收入与支出。

（8）参与组织班会活动。

值日班长：

（1）全面负责班级常规管理工作，督促班委会各部门正常开展日常工作，上情下达，下情上达，做老师的好帮手，同学的好干部。

（2）重点分管班级课堂纪律的监督管理。

劳动班长：

（1）全面负责班级卫生方面的工作。

（2）安排好值日生，督促值日生做好各项工作。

（3）每天检查班级和卫生区的卫生。

（4）每天及时了解班级卫生评分情况，并在班会课上公布。

（5）班会课上，不定期地对班级卫生工作进行总结，并提出整改意见。

学习委员：

（1）主抓班级学风建设、作业收集及图书管理工作；另外，学习要刻苦、认真，成绩优秀，成为班级全体同学学习的榜样。

（2）督促各科代表每天收发作业本，做好每周作业情况记录；协助老师和科代表做好学生的作业（书面、口头）过关检查。

劳动委员：

（1）全面负责班级的各项清洁卫生工作（包括教室、卫生包干区、环保责任区），布置劳动任务，责任到人，做好督促检查和验收工作。

（2）定期组织好班级大扫除，以及安排学校布置的各项劳动任务并做好检查记录。

体育委员：

（1）负责管理每天的广播操、眼保健操的工作；集合整队做到快、静、齐；协助体育老师做好体育课的各项工作。

（2）负责校运会等大型体育活动的具体事宜。

组织宣传委员：

（1）做好班级学生的思想工作，增强团结，增加集体荣誉感。

（2）负责学校部署的一切宣传方面的事宜，定期办好黑板报、墙报；登记班内好人好事，形成良好的班级舆论，营造一种团结、向上的集体氛围。

生活委员：

（1）负责学生生活、班服、午餐等相关工作；收集学生意见，向学校有关部门反映学生要求；为学生做好生活后勤保障。

（2）做好班级财产的登记管理工作，协助学校总务处做好验收与发放工作。

安全纪律委员：

（1）负责日常考勤、课堂纪律、活动纪律与安全工作。

（2）负责教室内的一切财产安全、环保、节能工作，每天放学后、体育课、午饭时间做到人走"六个关"（关灯、关空调、关电脑、关风扇、关窗、关门）；协助班主任做好学生的安全保卫工作，重大安全隐患及时报告。

（3）负责全班同学的课余安全，避免下课围追打闹，杜绝班级同学出现重大违纪现象，保管好班级财产。

文娱委员：

（1）负责学校的大型文艺表演活动，搞好班级活动的组织、训练、比赛及评奖工作。

（2）与体育委员一起，引导学生的课余文体活动，培养学生健康、文明的审美情趣。

团支书：

（1）配合学校团委工作，主抓班级各项文娱、体育活动，以及班级团员管理工作。

（2）组织每月一次的班级团队活动，确定活动主题，做好活动记录。

学生会干部：

在学校学生会的领导下，积极参与学校学生会工作的管理，严格要求自己，维护班级形象，并做好学校的下达工作。

课代表：

（1）发挥学科带头人的作用，积极主动地配合学科老师的教学管理工作。

（2）搞好该科作业的收发工作，保证按时交齐，协助老师布置本学科的作业。

寝室长：

团结寝室成员，搞好寝室卫生，督促寝室纪律，争取优秀寝室。

以上干部，务必人人奋勇，个个争先，各司其职，各负其责，任劳任怨，大公无私，做老师的好助手、同学的贴心人。在班级各方面都要起带头、榜样作用，任何人不得以任何理由搞特殊化，否则引咎辞职。

5. 主题班会

作为教育主阵地的主题班会，同时也是学生展示自己、表现自己的一个绝好的舞台，教师应有意识地帮助学生，培养学生自己策划、主持开展主题班会活动的能力。通过主题班会，使学生自行处理班级中存在的问题，也可以针对班级中的现象及自己的困惑等加以讨论、争辩，还可以就争论的焦点问题发表自己的看法，拿出解决问题的最佳策略及应对措施。

采取讨论、辩论、演讲、唱歌等灵活多变的主题班会形式，不仅可以活跃课堂气氛，而且可以培养学生抓班会主题、找议题中心的能力。让学生通过听，来比较哪名同学说得好？好在哪里？为什么这样说好？如果让自己说，应如何来说？……借以培养学生思维的逻辑性、敏捷性，语言表述的准确性等，从而有效地开发学生的思维能力。

高中三年里我开展的班会课主要内容规划：

高一阶段：以亲情教育为核心，与人相处、培养性格。

《知人者智，自知者明》——认识自我

《早恋是一朵带刺的玫瑰》——"早恋"的危害

《父亲、母亲》——百善孝为先

…… ……

高二阶段：以能力培养为核心，提高情商、完善品格。

《一屋不扫，何以扫天下？》——责任与义务

《勿以恶小而为之》——提升个人素质

《嫉妒是魔鬼》——端正竞争心态

…… ……

高三阶段：以奋斗教育为核心，挑战自我、健全人格。

《我的大学我做主》——确立高三的奋斗目标

《我的未来不是梦》——确立高三的奋斗方向

《爱拼才会赢》——端正应试备考心态

…… ……

总而言之，适时地、有的放矢地召开主题班会，有重点地、有针对性地对学生进行教育，促进班级物质文化建设，内化巩固行为文化建设，提升精神文化建设。

（五）实践反思

班级的精神文化建设是一项细致而又艰苦的过程，在这个建设过程中，建立亲和、民主、平等的师生关系和团结、友爱、互助的生生关系，营造彼此欣赏、相互学习的良好氛围，是提升班级精神文化的基础。在班级精神文化建设中，对于直接或间接作出贡献和成绩的同学，对健康的班级精神文化建设产生积极作用的人和事，都应该及时给予肯定和奖励。

因此，作为班主任，要及时赞扬与欣赏和班级精神文化相一致的思想和行为，积极发现和引导与班级精神文化建设相背离的行为，使学生改正缺点成为一种自发自觉的行为，使赞扬和彼此欣赏成为班级精神文化建设的主流思想。班级的精神文化建设意义非凡，今后还需继续探索研究！

第二节 雁鸣讲坛——致力于研究
激励教育与理想教育

　　学校教育能否达到理想的效果，能否充分调动学生的积极性，很大程度上取决于教师的教育方法，特别是班主任的教育方法。激励教育就是创造一种教育上的合适环境，以激发学生的主观能动性和内在潜能，促使他们在学业、品行和个性方面得到主动、健康发展。

　　每当秋天，当你见到雁群为过冬而迁徙，沿途以"人"字队形飞行时，你也许已想到某种科学论点已经可以说明它们为什么如此飞。当每一只鸟展翅拍打时，其他鸟就立刻跟进，整个鸟群抬升；借着"人"字队形，整个鸟群比每只鸟单飞时至少增加了71%的飞升能力。

　　当一只大雁离队时，它立刻感到独自飞行时的迟缓、拖拉与吃力，所以很快又回到雁群中，继续利用前一只鸟带来的浮力。

　　当领队的鸟疲倦了，它会退到侧翼，另一只大雁则接替之前的领头雁飞在队形的最前端。这些雁定期变换领导者，因为为首的雁在前头开路，能帮助它左右两边的雁造成局部的真空。科学家曾在风洞试验中发现，成群的雁以"人"字形飞行，比一只雁单独飞行能多飞12%的距离。

　　在雁群迁徙的过程中，各个大雁的分工不同，领头雁在飞行中所承受的阻力是十分巨大的，在飞行过程中，其他雁对领头雁则发出"呱呱"的叫声给领头雁以鼓励，使它保持高速的飞行，以带动雁群的高效率。而在飞行间歇休息的时候也有大雁站岗放哨，为雁群的安全高度警戒。在团队中也是如此，每个成员都应贡献出个人的一份力，无论是压力重重的"领头雁"，还是辛苦付出的"站岗雁"，每个成员都应为团队的生存与发展贡献出自己的一分力量。

　　有鉴于雁群的高效率启示，我们认为"合作"可使人们获得双重的奖励：

一方面，可使我们获得生活所需求的一切；另一方面，可使我们的内心获得平静，这是贪婪者所永远无法得到的。

工作室为学生们倾情打造"雁鸣讲坛"——研究激励与理想教育，由专家、知名校友、教师、学生共同组成"雁鸣讲坛"的主讲嘉宾，鼓励与引导学生立向、追求与实现理想。主要研究内容：其一，大志，即"志存高远，与时俱进"；其二，大敢，即"敢于竞争，不畏艰辛"；其三，大坚，即"坚定信念，勇往直前"。

一、激励DNA的六大因子

（一）任务导向与关系导向

拥有"任务导向"驱动力的人，倾向于取得成就，并重视结果。此外，任务导向的人，通常也是个策略思考者和问题解决者。他们有强烈的领导才能，并且在压力下也能生存。任务导向的人通常能坚持到底、有活力且有自信。他们可以组织群众，推动计划。比尔·盖茨、芭芭拉·沃尔特斯、兰斯·阿姆斯特朗都是任务导向的代表人物。

关系导向的人，易受感情因素影响，着重建立关系。这种人通常较为友善、可信赖、深受他人喜爱，他们是很好的倾听者，让别人可以抒发心声。这种类型的人热心助人、忠诚、包容力与合作性较高。他们重视团体合作、和谐与合群，他们是那种会为别人成功而庆祝的人。

每种激励因子都有可能出现不受欢迎的特质，我把这些负面特质称为"突变特性"。从生物学上来说，DNA结构突然发生改变，就会造成突变。实变发生时，原有DNA不具备的特性或特质就会广生突变。

例如，由于任务导向的人重在达成目标，他们可能竞争性过强，表现出不计代价也要赢的行为，因此极有可能惹火同事或朋友。相对而言，关系导向的人有可能过于柔顺与迎合他人，而让别人占了自己的便宜，或大费周章只为了与他人避免正面冲突。

（二）偏好稳定型和偏好变化型

偏好稳定的人喜欢规律，他们喜欢安排时间表、有系统、有组织，通常很务实、有条不紊、富有责任感。偏好稳定的人愿意遵守程序及规则，他们要有确定感才觉得踏实。他们注重准确度，并且在下决定时遵循逻辑（而不是感情用事)。偏好稳定的人通常较为小心且能持续到底,他们拥有优异的组织行动力,也就是能够让火车准时行驶的那群人。偏好稳定的人会调整想法,并且改善过程。

拥有偏好变化特质的人喜欢变化,通常较为活泼、有说服力且能够自由发挥。偏好变化的人,不会因为快速或临时的变动而气急败坏,他们拥有"换档"的能力,而且能够随时适应新的环境。他们对自己学习新技巧的能力很有信心。偏好变化的人享受各种乐趣且待人相当热心,通常乐于冒险并急于尝试新的事物。

偏好稳定型和偏好变化型的人也有些缺点,或是"突变特性"。偏好稳定的人有时会优柔寡断。他们有时会因为认为自己需要更多时间分析各种选项,或因为缺乏足够信息以作出正确决定,而迟迟未采取行动。他们有时也会缺乏改变的弹性,又不愿意创新。偏好稳定型的人,通常会对新想法或计划太过于吹毛求疵。

偏好变化型的人则倾向低估风险,可能会因为对于新想法或未来过于兴奋,而未能仔细评估风险。他们可能会对规律、常态的事情没有耐性,而且不管结果如何,也常常急于动手改变。偏好稳定型的人可能流于光说不练,而偏好变化型的人则是急于行动、疏于思考。

(三)精神奖赏与物质奖赏

被归类为喜欢精神奖赏的人,会因为对方真诚的感谢,而觉得受到重视与尊重。他们是"身负重任"型的人,希望自己能作出正向的改变,且重视贡献的价值。喜欢精神奖赏的人,通常比较喜欢私下受到认可,而不是公开的赞扬。他们会因为有意义的工作而获得满足感,心理上的满足对他们而言才是最重要的。他们需要感觉到工作与学习的愉快。喜欢精神奖赏的人,通常会因为良好的工作环境、同事友善、有个人成长的空间,以及可以获得明确的正向回馈,而获得激励。

被归类为喜欢物质奖赏的人,会因为明确的薪酬福利,而感觉受到重视。他们重视辛勤的工作,并且相信获胜的一方应该获得奖赏。这一类型的人喜欢受到上司的公开赞扬、喜欢享有特权,以及不受控制的自由。对他们而言,最重要的是公平的游戏规则。他们希望自己所付出的劳力,能获得相当的财物报酬。喜欢物质奖赏的人,会因为奖励、奖金、权力、升迁的机会、个人办公室和额外津贴，而受到激励。

可惜的是，我们的文化通常认为，喜欢精神奖赏才是美德，喜欢物质奖赏则被认为是贪心。但是这样刻板的印象，不仅贬低了物质奖赏的价值，且深具破坏性又不符合事实。奖赏的形式不能拿来衡量一个人的性格，而只是一种让人感觉受到重视与感谢的基本原因。请记住，只有不同的激励类型，但没有"最好"的激励类型。

（四）激励因子激发成就区

当你的驱动力、需求和奖赏都达到标准后了，你就到达了我称为"成就区"的地方。这就像是把电池、电线与白炽灯组合成一个发光体，你一定会发光发热，但如果你的三项激励因子只有达成两项，例如只有驱动力和需求，那么你仍然会有合理程度的满足感，但不会获得完全的成就感。

假设你属于CSI（实干家型）关系导向，偏好稳定、精神奖赏。重视精神奖赏的你，会因为知道自己能作出正面的贡献而受到激励。现在，假设你的工作稳定，同事们都很友善，大家的思考模式也多半相同。也就是说，你有两项激励因子是重叠在一起的——你的关系驱动力和对稳定的需求，但你的工作并不能对任何人产生正面影响。在这种状况下，你不可能真正获得成就感。你仍然可以成功地做好工作，甚至喜欢这份工作的许多部分，但你不会真的因为这份工作而神采飞扬，因此，你的激励程度会降低，你也不会因为工作上的满足感而享受到乐趣。

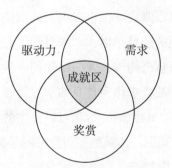

能激发最多能量的成就区

从上图可以看到，驱动力、需求和奖赏是有重叠的三个圆圈，而能够激发最多能量的热点，就是中间的暗色区域。这个我称为"成就区"的地方，能让你觉得工作有趣又容易获得成功。但只有当你的激励DNA中的驱动力、需求和奖赏全部得到满足时，你才能得到满足感，也就是图中的成就区。

只有大约15%的人仅靠直觉，就知道自己的激励DNA是什么，并且能够利用这种知识让自己获益。多数人只是隐约知道，哪些因素能够激励他们，更不用说要如何有效地激励他人了。

二、健全激励机制，提升团队活力

心理学研究成果表明，动机是在需要的刺激下直接推动人进行活动的内部动力。"教育教学不在于传授，而在于激励和唤醒。"在教育教学中，我们应该积极探索激励性教育，无论是班级，还是学校，说教的作用越来越贫乏；要激发团队活力，使学生创学习佳绩，应该考虑如何健全激励机制。

（一）雁阵团队的互爱情结

从师德修养的角度上讲，教师是人类灵魂的工程师。教师应该是无私奉献的，以高尚的人格魅力育人。如果教师动辄就对学生横加指责、肆意辱骂、冷眼歧视，那就是师德低下。那么，学生就会怕而躲之，恨而远之，憎其师而废其学，教师的任何苦心都会适得其反。如果教师用激励表扬的方式对待学生，学生的情感得到爱的抚慰，学生的心灵得到爱的温暖，学生的苦衷得到爱的体谅，学生就会深深地爱老师，进而全心全意地学习，所以师德决定教育的行为方式。

教师尊重爱护学生可使学生在精神上得到满足。这种满足可以化作一种强大的推动力，一方面，可以激发学生奋发向上的欲望；另一方面，可以激发学生对教师的信任，使师生的感情倍增，"亲其师"是"信其道"的前提，在此基础上让每个学生都相信自己能够成才，给他们一种良好的"心理定势"，使他们在学习过程中将教师的要求化为自身的学习需要，使他们能积极主动地学习，同时运用"心理交换"的原则，给学习以民主的自由发展空间，使学生在平等的气氛中愉快地学习知识，体验到参与学习的乐趣。

（二）雁阵团队的鼓励情结

人性中最深层的需要是被人赏识的渴望，所以，促进一个人发挥最大能力的方法是赞赏和鼓励。真诚地用爱心赏识学生，发现优点和进步，及时进行激励和表扬，永远比批评和责罚更有效。兴趣是学习的动力，成功是兴趣的源泉，让学生不断地受到激励，不断地获得成功，学习的积极性才会不断地高涨。

　　阿伦森是一位著名的心理学家，他认为，人们大多喜欢那些对自己表示赞赏的态度或行为不断增加的人或事，而反感上述态度或行为不断减少的人或事。为什么会这样呢？其实主要是心理因素在作怪。从倍加褒奖到小的赞赏乃至不再赞扬，这种递减会导致一定的挫折心理，但一次小的挫折一般人都能比较平静地接受。然而，继之不被褒奖反被贬低，挫折感会陡然增大，这就不大会被一般人所接受了。递增的挫折感是很容易引起人的不悦及反感心理的。

　　阿伦森效应的实验：阿伦森效应的实验是将实验人分4组对某一人给予不同的评价，借以观察某人对哪一组最具好感。第一组始终对之褒扬有加，第二组始终对之贬损否定，第三组先褒后贬，第四组先贬后褒。此实验对数十人进行过后，发现绝大部分人对第四组最具好感，而对第三组最为反感。

　　阿伦森效应提醒人们，在日常的工作与生活中，应该尽力避免由于自己的表现不当所造成的他人对自己印象向不良方向的逆转。同样，它也提醒我们，在形成对别人的印象的过程中，要避免受它的影响而形成错误的态度。

　　阿伦森效应的举例：在宿舍楼的后面，停放着一部烂汽车，大院里的孩子们每当晚上7点时，便攀上车厢蹦跳，"嘭嘭"之声震耳欲聋，大人们越管，众孩童蹦得越欢，见者无奈。这天，一个人对孩子们说："小朋友们，今天我们比赛，蹦得最响的奖玩具手枪一支。"众童欢呼雀跃，争相蹦跳，优胜者果然得奖。次日，这位朋友又来到车前，说："今天继续比赛，奖品为两颗奶糖。"众童见奖品直线下跌，纷纷不悦，无人卖力蹦跳，声音稀疏而弱小。第三天，朋友又对孩子们言："今日奖品为花生米二粒。"众童纷纷跳下汽车，皆说："不蹦了，不蹦了，真没意思，回家看电视了。"这则例子说明在"正面难攻"的情况下，采用"奖励递减法"可起到奇妙的心理效应。

　　激励教育就是积极发现学生身上的闪光点，及时进行表扬鼓励的教育行为。它是赏识教育与成功教育的结合点。其内涵为：要求教师教育学生的方式必须是善意的、温和的、柔性的、激励式的，而不是粗暴的、刚性的、打击式的。要求教师教育学生的手段是亲情式的沟通、朋友般的谈心、帮助式的指导，而不是形而上学的对待、愤怒式的训斥、偏见式的歧视。激励教育强调教师要尊重学生人格，理解学生的心理需要，真诚地以爱心赏识学生，多表扬鼓励，少训斥打击，促使学生思想感情转化，产生积极向上的内因动力，从而达到课堂上努力学习的效果。

（三）雁阵团队的领头雁情结

榜样的力量是无穷的。以他人的先进思想、优良品质和模范行为来影响学生的思想品德，使学生从富于形象性、感染性和可信性的榜样中受到深刻的教育，是班主任常用的工作方法。

首先，班主任的领头雁榜样作用。班主任不仅是班级管理的组织者和领导者，也是学生健康、和谐发展的直接责任者；是对学生产生全面影响的重要教育因素。"其身正，不令而行；其身不正，虽令不从"，这句话强调了榜样的作用，一位教师特别是班主任就是一个榜样，其一言一行无时不对学生产生潜移默化的作用熏陶。作为班主任，要时刻注意自身的品格、学识、涵养对学生带来的潜移默化的影响。

其次，以先进人物为领头雁榜样。先进人物的言行具有导向性，以先进人物为榜样激励学生，对学生进行正面教育会收到良好的效果。

先进人物言行的榜样作用主要在于：

其一，教育作用。由于中学生生活阅历较浅，道德观念较薄弱，以先进人物为榜样激励学生，符合中学生的认识特点。

其二，感染作用。人类高尚的品质、情感和顽强的意志、行为都能在正面的人和事中体现出来，学生模仿时会受到一定的感染而形成积极向上的思想情感，并将这种内在的情感外化为行动。

其三，矫正作用。向先进人物学习，学生便会经常用先进人物的事迹对照自己的言行举止，检查自己的不足之处，引发自省，从而自觉抵制外界的不良诱因，克服缺点以改正自己的不良行为。

第三，以优秀学生为领头雁榜样。每个学期学校都要评出一定数量的三好学生、优秀学生干部、文明学生和学雷锋先进个人等，他们都是优秀学生的代表。班主任要经常采用不同形式对这些优秀学生进行表扬，重视优秀学生对其他学生的榜样、表率作用。优秀学生的榜样作用有很直接很具体的意义，由于同学们生活学习在一起，学习环境和经历基本相同，学生中的榜样为学生所熟悉，因此更具有可比性，更易被其他学生所接受，能起到立竿见影的示范作用。

（四）雁阵团队的欣赏情结

班主任要善于发现和挖掘学生身上的闪光点，要借助学生自身的优点激励其克服不足之处，要对学生的好思想、好习惯及时加以肯定和表扬。班主任的表扬激励是学生进步的动力，尤其是对"学困生"（应该说学困生不是绝对的）。班主任要热心地关怀他们，对他们所取得的成绩和进步，哪怕是点滴的、微小的成绩和进步，也要善于发现，并把它当作自尊的火种及时表扬，热情激励，为他们创造转化的契机和良好的环境。恰当地表扬和激励，有利于学生发扬优点和克服缺点，学生群体成员间的彼此欣赏则有利于形成学习先进、赶超先进的良好风气。

交往活动是人们形成一定人际关系的重要途径，而且有利于人们的结群活动，调节身心。在群体成员间相互鼓励、相互支持、相互竞争和彼此关心、体贴、随意的交谈均能给人以欢悦和鞭策。交往需要人与人的行为优劣的互补性、性格气质的相容性。群体中个体成员的行为总是希望得到其他成员的彼此欣赏、认可和支持，所以，学生间往往十分注重别人对自己的评价。可见，学生群体中的人际关系交往能产生巨大的激励力量。因此，教师要为学生设计和安排各种有利于学生交往的活动，如谈心、互访、运动会、文娱活动等，以便使学生在集体活动中获取激励力量。

（五）建立有效的奖励制度

激励教育法通过激起学生的主观动机和思想感情以调动其积极性，它是激发学生潜能、凝聚学生精神的德育方法。为便于分析和归纳，本文将激励教育法划分为精神激励与物质激励、正向激励与负向激励、目标激励、竞争激励等几种方法，并强调要坚持以精神激励、正向激励为主的原则。但是在班主任的实际工作中，它们是作为一个有机整体不可分割、相互贯穿、共同作用而存在的，决不能以形而上学的绝对化的观念去认识和运用这些方法。同时，班主任工作中运用激励教育法，也要注意根据不同时期、不同任务、不同学生，采用不同的操作方式，以取得最佳的教育效果。

1. 适合学生个体的激励机制

（1）物质激励法

物质激励是最简单的方法，就是将一名学生的实际表现和物质奖励直观对接，给予其适当的奖励，包括奖品、奖学金。尽管它不是调动学生积极性和创造力最有效的武器，但对受奖者本人也会起到鼓励、鞭策的作用。

例如，中山市石岐西厂小学发放的金币代用券就起到了这样的作用，学生在学校的各方面表现好的，奖励一枚活力印章，每名学生拥有一本活力印章储蓄本，根据储蓄本活力印章的数量，老师就奖励不同价值的代用券；积累一定数量的代用券就可以赢取"一分钟游戏营"的入场券，在游戏营里，游戏获胜就可以奖励一些奖品或者食品；当然学生也可以在学校超市里购买东西。每一张券代表学生的进步，代表学生的荣誉，学生自然而然在学习中获取了乐趣的同时，也激发了学生的活力，在各方面得以发展。

这样的激励机制，使学生的行为习惯、心理品质表现出较强的引导性和约束性；并且通过游戏运用于体验，面向全体学生，为学生的成长加油。从孩子脸上灿烂的笑容可以看出，这种物质激励法是成功的、有效的。

当然，我们在借鉴与探索中，在班级管理中，须恰当运用此法，防止走极端。既不能"精神至上"，否定物质的作用；也不能标榜"物质至尊"，以免学生陷入"向钱看"的误区。

（2）兴趣激励法

孔子云："知之者不如好知者，好之者不如乐之者。"因此，在思想教育中，班主任要注意结合社会生活中新颖有趣的事例进行说理，以符合学生求新好奇的心理特点，激发他们思考的兴趣，促使他们在实践中成长。同时，班主任要善于发现和挖掘每个学生身上积极健康的特长和爱好，并加以正确的引导与鼓励，以令其潜力得到最大限度地发挥。

例如，学校应创造有利条件，让学生特别是后进生有参与学习的机会，并尽量使其能有成功的喜悦体验，以激发他们的学习热情。因而，在教育中，应针对不同学生的状况，采用因人而异、因材施教的策略，为他们不断创造成功的机会，以帮助学生树立自信心，促使他们向更新更高的目标奋进。

2. 适合班级团队的激励机制

学校或者级组拥有多个班级，班级作为一个团队，管理者就应发挥团队协作的精神，要把班级力量凝聚并强大起来，竞赛激励机制是少不了的。

（1）竞赛激励法

班主任要组织一些适当的比赛来吸引学生，鼓励他们为取得优异的成绩和发展能力而奋斗。苏联教育学家斯拉斯捷宁曾说："企盼参加健康的竞争，取得优胜地位和领先地位，渴求自我肯定，是儿童、少年和青年所固有的最大特点。"为此，班主任应结合学生特点、教学内容和本班实际开展一些有意义的竞赛活动，如调查报告评选、演讲比赛、读书比赛、体育比赛、书画比赛，等等。这些竞赛活动，既能丰富学生的知识，又能锻炼他们的能力；既能活跃学生的思维，又能提高他们的认知。

（2）活动激励法

随着社会的发展，各行各业的竞争日趋激烈。"学会生存"已成为学生不可或缺的素质。这就要求学生必须具备一定的口语表达能力、交际能力、分析判断能力等。在班级管理中，每学期都组织"心里拓展"活动，从而达到激励他们成才的目的。

例如，参观顺德顺峰中学的时候，学校的文化是一个亮点，每一面墙壁都似乎在向您诉说它们的快乐。这所中学，令我印象深刻的是，学校在管理班级时，非常细致到位；为了使各班级形成积极向上的氛围，学校把心理课与体育课有机结合起来，我看到心理拓展课上，学生的集体意识与荣耀感随着活动的进行越来越强，口号的呼喊声越来越响亮，连简单的"一、二、三"都形成了强而有力的音符。

3. 适合家长的激励机制

目前，在不少学校中，家长学校的学习，大多是一学期两次的家长会，而且这样的家长会都是集体的，针对个别的似乎比较少。我们往往会重视对班级、对学生的激励，却忽视了家长的需要。

例如，参观珠海市斗门一中时，我们印象深刻的是这间中学的"教育咨询室"。对于家长的激励，最重要的是满足家长的需要，及时帮助家长。"教育咨询室"的服务内容就是针对不同年级，不同类型的家长，给予即时咨询与预约咨询，分享家教经验，协调矛盾，在校内引起了广泛的关注。对于家庭有需要的家长，也不用等待那一两次的汇报式的家长会，在这个咨询室里，谈话内容更隐秘、更广泛、更有指导性。

了解需要，激励应因人而异。激励需要引起动机，动机引起行为，行为指向目标。人的需要是激励人的行为的原因和动力。家长的需要具有多样性，是一个多因素、多层次的复杂结构。因此，对家长的激励要因人而异。不同年龄特征的家长，需求的差异性很大，但都有共同的需要——培养儿女成才。学校设置的"教育咨询室"，满足了部分家长的需要，及时解决教育儿女的问题，孩子得到了家庭的正确关怀，来到学校学习，岂不是更积极、更健康、更富有活力吗？

三、殷实理想教育，实现团队超越

追求，像一艘船，负载着人们在生活的海洋中前进。就像千里翱翔的"大雁"一样，对团队生命迁徙的追求矢志不渝。有谁能说那些"壮志未酬身先卒"的勇士们的人生是灰色的？有谁能去嘲笑那些在不断追求过程中无数次跌倒的有勇气的壮士呢？

理想（也称志向）是指一个人奋斗追求的目标，是其进步的动力，是高尚的源泉。古今中外，数不清的名人轶事，数不清的普通人的经历，都无一例外地证明了这一真理。而关于理想与人生观的名人名言、凡人名言更是不胜枚举，它们都说出了一个充满力量的词，那就是理想。

个人理想是人们心中或脑海中所持有的意象或景象，共同理想是组织中人们所共同持有的意象或景象。学生应明确个人理想，不断超越自我；在个人理想的基础上形成班级共同理想；自动自发，培育良好的班级氛围，在习惯的指引下和活动的载体中逐步实现班级团队超越的目标。

（一）新时期中学生理想教育的必要性

20世纪80年代的中国，理想是一个极其崇高而又美好的词语，它激励了一位位青少年树立远大的目标，创造美好的人生，把生命看作是奉献的过程，把祖国的利益摆在高于一切的位置。

而21世纪初的中学生一代是怎样的呢？是否也继承了这种伟大的目标？是否拥有崇高的理想和正确的人生观？世界终究是属于他们的，他们能顺利接过建设祖国的接力棒吗？现正处于绿色花季的他们中为数不少偏偏生活于"灰色空间"。他们，原本应兴趣广泛、青春无限的一群，却有人成为灰色的未老先衰的"老头、老太太"，甚至"社会不健康的另类"的人物。

在这个高度发展的社会，时代与时事的变迁是非常快速的。但是当今社会上仍然有很多人把学校比喻成象牙塔，学校与社会仍然有一墙之隔，那么，这一墙之隔就很难把学生中一些真实的东西以最直接的、最裸露的、最快捷的方式展示出来。

案例①

高二学生陈某，自入学高中以来，学习成绩老是排在班级倒数第一，同学们戏称他为"尖子"，对于同学的嘲笑他总是充耳不闻，甚至已经麻木，更不会感到面红耳赤；整天都在迷迷糊糊中度过，从来没有充实过自己的生活，每天都把寸寸光阴抛在虚无缥缈中，重复一个永远定格的结局。有一次，班主任叫大家写一篇有关"谈理想"的文章，他却交了两个字"没有"。

案例②

高二学生李某（学习成绩优异）是这样描述理想的：理想就是梦，是每个人都曾经拥有过，或者这里不应该说是"拥有过"，而应该说"幻想过"比较合理。每个人都幻想过自己的梦，一个属于自己的梦，这些"幻想过的梦"，对于日渐成长，日渐成熟的我来说，有一小部分是实现了，那绝大部分呢？却……面对明天，自己既感受到一股学习上的压力，也感受到了一份对自己前途的紧张，心里一方面希望自己尽快度过这三年高中生活，另一方面又不愿这么快就面对高考，害怕自己失败。人生就是这样的矛盾，所想的往往跟实际有很大的差别。随着时间的流逝和人的思想的转变，有时回想起以前的梦也会觉得有点幼稚，总是有一种说不出的莫名的感觉。

师长们的感叹之声：怎么会这样？怎么会这样？

细细想来，造成当代部分中学生没有理想、没有正确的人生观的原因是多方面的。总体而言，不外乎家庭、学校、社会三者。家庭、学校的不恰当教育，社会的灰色暗示，往往造成当代中学生的迷惘与困惑。故而，擦亮双眼，拂去尘埃，拣起那个奋斗的代名词已十分必要。基于此种原因，我决定探讨"新时期中学生理想教育"这一课题，意在让中学生们重新记起那个青春的法宝，描绘出一张人生的设计图，恢复生命的源动力，在理想的指引下迈向壮丽与成功，且势在必行。

（二）新时期中学生理想教育的追切性

别林斯基说过，理想教育的培养，可以使天性凶恶的程度减低，甚至变成善良的人，这好比把林间的野生植物移植到庭园中，经由园丁一番培养，它会开鲜丽的花，结美味的果。失去它，人生在中学生眼中是灰色的，我非常坚信且积极参与研究"新时期中学生理想教育"这一课题，并由此产生对关于学校、社会、家庭三结合教育的新思考。

为了更具体、更深入、更广泛地了解新时期广州市中学生的理想现状，我组织成立了一个理想教育的课题组，成员们经协商研究组织进行了一次校园问卷调查。此次理想教育的校园问卷调查涉及的面较广，包括省、市、区属各级重点中学，普通中学，以及一些职业中专学校的在校1012名学生参与者。

此次理想教育的校园问卷调查涉及的主要问题有：

（1）你的年龄、性别、性格。

（2）你所在的学校。

（3）你的学习成绩情况。

（4）你目前的理想。

（5）你的未来职业理想、社会理想、道德理想、生活理想分别是什么。

（6）你的爱好与特长。

（7）你对理想教育的了解与认同的程度。

（8）家庭因素对你成长的影响，社会因素对你成长的影响，学校因素对你成长的影响。

（9）作为中学生，你的近期目标大学是什么？

（10）对于立向、追求、实现理想时的执着程度与毅力。

（11）对于遭遇挫折时的态度。

（12）如何看待你的学习自觉性与自控力。

令人深思的是，此次理想教育的校园问卷调查的统计结果再次印证了案例一、二的真实性。例如："你目前的理想"这一问题我们收集到的答案统计情况如下：

第一类为积极型理想，约占39%。诸如：考中山大学、考某某名校、出国留学、做律师、做医生、当公务员、在商界发展、做飞行员、成绩好、做一个十全十美的女孩、做全世界最红的艺人、当世界一流的吉他手、当比尔·盖茨、破全校田径纪录、成绩不要再倒数、做美术设计师、学业不断上升、高考科科700分以上，开公司做老板、能人所不能、把篮球打得更厉害些……

第二类为平凡型理想，约占31%。诸如：中500万、开心地活下去、40岁前退休回乡下——隐居、有许多钱、不用上学、去冰岛种花、去马尔代夫旅游、赚钱养家、赚钱、赚多点钱、上课不要再分心……

第三类为消极型理想，约占30%。诸如：想飞、想做隐形人、睡觉、嫁个有钱人、"交女朋友"、打爆机、每天都可以看到自己的偶像、不用做事都有钱花、灵魂脱离肉体、明天结婚、等待结婚、这几天找一个好女朋友、自由自在地发呆、不劳而获、有花不完的钱、找个赚大钱的女朋友、做周杰伦的女友、没理想……

我们对以上理想教育现状的调查结果有褒有贬，我更深感社会、学校、家庭对青少年的理想教育有义不容辞的责任，不知读者们又有何见解？

有句话说得好："亡羊补牢，犹未为晚。"还有一句话："知错即改，善莫大焉。"面对当代部分高中生没有理想，没有正确的人生观这种不容乐观的现实，我们只有立刻行动起来，才能从根本上改变这种局面。真正实现家庭、学校、社会三结合教育，互通互助相互配合，万不可当出现问题的时候三方都不愿承担责任，互斥他过。

社会：请留下一片清新的天空，给这些稚嫩的心灵，让他们有纯净如水的思想。关心孩子们的明天，就是关心人类社会的未来。

学校：请多给一点儿课时，多一点儿"理想与人生"的教育，让他们听那过去的歌谣，让他们放眼未来的世界。

家长：请注意你的言行，腾出一点时间给孩子，给他们讲那过去的故事，为了他们的明天。巴金先生说："孩子们变好或变坏和他们受到的教育有关，有句话叫'先入为主'，所以，父母是第一个老师，不能把一切推给学校。帮助孩子健康地成长，所谓培养、所谓教育，不过是这样一句话。我们希望子女成龙，首先就要尽父母的职责。父母们的榜样力量非常大，今天有些年轻的父母高兴时把孩子当作'小皇帝''小公主'，动了气就打骂不休。不多久，他们的坏脾气全让孩子学到了，孩子们只会学长辈们做出来的行动，不会学他们嘴里讲的道理和心里想的理想。"

而青少年呢？大家应该做什么呢？大家应该不会终日坐以待"教育"吧！且让我们携手，达成一个共同的目标"重建精神大家园"，可见正确的理想教育刻不容缓。

（三）殷实"立向、追求、实现"三环节，笃行理想教育

人生的意义不仅停留在追求的目标上，更在于追求本身。立向、追求、实现，像远航的船，负载着人们在生活的海洋中前进。失去了追求，人生就如航船失去了灯塔，变得黯淡而茫无目的。

中学生们，应该保持寻找理想之灯的热情，选择正确的道路，坚毅地走下去，走出一个亮丽的人生，无限风光尽在其中。因而充实"立向、追求、实现"三环节，笃行中学生的理想教育势在必行。

我们向中学生提出关于立向、追求与实现理想的三点建议：

1. 雁行千里、立向理想，需志存高远、与时俱进

追求是人的精神世界不断发展、完善的过程。人类能从原始森林中走出来，从愚昧无知中走出来，是因为发现了自我，从而不断追求的结果。从猿人变为现代人，营造出现代文明，不正是不断追求所塑造完善的吗？

有的人志在活得开心幸福、休闲自在；有的人志在赚很多钱，享受人生；有的人志在做未尝试过的事，不断满足自己的新鲜感。虽然这些"志"都无可厚非，不能说不好，但它们只是小志，只因个体的存在而存在。

一些人志在报效祖国，一些人志在为国争光，他们中有的是民族英雄，有的是战士，有的是科学家，有的是运动员，还有的是工人、农民、企业家等普通人，他们都把自己的人生与国家联系、与民族挂钩，做事首先想到的是，是否有利于祖国、有益于民族，甚至心甘情愿为国为民族献出一切，乃至自己的生命。这样的"志"就是大志了，航天英雄杨利伟、费俊龙、聂海胜、刘伯明、翟志刚、景海鹏、刘洋等都是其中的佼佼者。

2. 雁品弘毅、追求理想，需敢于竞争、不畏艰辛

竞争不仅能使真正的人才脱颖而出，而且能增强人们的危机感和挑战意识。畏惧竞争的人无法在当今社会立足，讨厌竞争的人更难以在当今社会生存。每个人都渴望成功。然而，成功就像一朵晶莹的雪莲，要想拥有它，就必须经历无数的艰难险阻。不要说颓废的人注定与它无缘，即便是勤奋的人也不一定能够如愿。所以，在竞争的压力下，人人都会奋力拼搏，扫除自己前进路上的妖魔鬼怪，以获取那梦中的花朵。

举个学习中的简单例子。一个班级的同学不断地在德、智、体等方面进行比赛，彼此激励着，犹如气势磅礴的潮水一浪比一浪高。倘若无视班级中的竞争，我行我素，那你必将落在其他同学的后面，最终被这竞争抛到九霄云外。但如果你勇敢地面对这激烈的竞争，你就会在竞争中崛起，不断地提高自己，完善自我。

那么，该如何去参与这激烈的竞争呢？

首先，要打好扎实的基础。为什么要这样做呢？谁都知道一阵猛烈的台风可以将扎根不牢的树苗刮得东倒西歪，甚至连根拔起，但它却对根深蒂固的大树无能为力。激烈的竞争犹如猛烈的台风，而他们自身的基础就是树根。要使小树在暴风骤雨中依然挺拔有力，关键就要看树根的牢固程度。可见，扎实的基础在激烈的竞争中的作用是不言而喻的。

其次，要以挑战者的姿态面对激烈的竞争。有的同学一提到竞争就很胆怯，他们希望在风平浪静的大海中航行，而不敢乘风破浪，在惊涛骇浪中表现自我。"沧海横流，方显英雄本色。"我们不该畏惧竞争，竞争并不可怕，只要你能够战胜自己，那你也就向竞争迈近了一步。

2015年10月5日星期一，仅仅一夜，中国与世界都记住了"屠呦呦"这个名字，但是在这晚之前，屠呦呦没有得到任何国内的重要认可，没有大奖、没有科学院院士、工程院院士的荣誉称号。因为没有博士学位、留洋背景和院士头衔，屠呦呦被戏称为"三无"科学家。

像屠呦呦这样作出国际认可的重大科学贡献而落选院士的人，在我国并非个案："杂交水稻之父"袁隆平，中科院上海系统所研究员李爱珍，享誉海内外的北京大学生命科学院教授饶毅……

从上述几位"落选院士"的治学为人风格中，人们或许能得到一些启示。但更重要的是，他们在追求理想的过程中，敢于竞争、不畏艰辛的"风骨"值得当今中学生学习。

3. 雁品忠诚、实现理想，需坚定信念、勇往直前

追求也是一个考验意志和忠诚的过程。没有人能保证一生中永远不跌倒。有的人跌倒了，便放弃了，于是他与途中的美景失之交臂；有的人跌倒了，却又站起来，虽然他暂时遇到了挫折，但他永远不放弃，忠于初心，依然追上去。虽然一时错过了美景，但与最终的美景越来越近。

当代中国企业家马云，阿里巴巴集团主要创始人之一，现任阿里巴巴集团主席和首席执行官，他是《福布斯》杂志创办50多年来成为封面人物的首位大陆企业家，曾获选为未来全球领袖。他在创业过程中经历了三次大的坎坷，他31岁第一次创业，没到半年，失败；他35岁第二次创业，没到一年，失败；他41岁创立了阿里巴巴，从此走向了成功。马云喜欢说："不经历风雨，就见不到彩虹。"

风华正茂的中学生们是新世纪的主人，肩负着建设祖国的重任。希望家长、学校、社会共同为他们营造一个宽松的环境，希望他们早立向、有毅力，用踏踏实实的步伐走出一个亮丽的人生！

社会：多一些积极的鲜亮色彩，多一些对青少年的责任感，少一些陈乏鄙陋的泛滥，让青少年在步出家门、校门时依然能目光清澈，心地纯净。

学校：请多一些时间留给"理想"，请用你的爱心与智慧点亮青少年的"理想之灯"，让这盏灯照亮他（她）的前程，用一盏"理想之灯"温暖孩子的心。

家长：请保持远大目光，爱子则为其一生计，传之以家财万贯未必能使他（她）幸福一生，然授之以理想却能使其受用无尽，一生充实。帮助他（她）设计一个人生的目标。

中学生们：保持寻找理想之灯的热情，选择正确的道路，忠诚于理想，坚毅地走下去，走出一个亮丽的人生，无限风光尽在其中。让我把拜伦的一句话献给大家："无论头上是怎样的天空，我将承受任何风暴。"这是追求者对誓言的忠诚，也应是我们每个人的信念，更是美丽人生的请柬！

第三节　雁信主张——发力于研究诚信教育

诚信是一个道德范畴，是公民的第二个"身份证"。诚信就是待人处事真诚、老实、讲信誉，言必信、行必果，一言九鼎，一诺千金。诚实，就是忠诚正直，言行一致，表里如一。守信，就是遵守诺言、不虚伪欺诈。"言必信，行必果""一言既出，驷马难追"这些流传了千百年的古话，都形象地表达了中华民族诚实守信的品质。

我们结合中华优秀传统文化与新时代人才培养目标的要求，提出了"五立"雁文化育人模式。其中"立德"的内容包括：培养学生良好的个性品格，它是育人的根本。自古以来，大雁被人们赋予禽中之冠的美誉，更被视为"五常俱全"的灵物，大雁有仁心、有情义、有秩序、有智慧、有诚信的品质一直以来为人们所称道（即五有）。

雁有仁心，是因为一队雁阵当中，总有老弱病残之辈，不能够凭借自己的能力打食为生，其余的壮年大雁，绝不会弃之不顾，养其老、送其终，此为仁者之心。

大雁不仅有仁者之心，更有情义，雌雄雁相配，向来是从一而终。不论是雌雁死或是雄雁亡，剩下落单的一只孤雁，到死也不会再找别的伴侣，这是其情义的过人之处。

天空中的雁阵，飞行时或为"一"字，或为"人"字，从头到尾依长幼之序而排，称作"雁序"。阵头都是由老雁引领，壮雁飞得再快，也不会赶超到老雁前边，这是其礼让恭谦之意。

雁为最难猎获之物，是因为大雁有智，落地歇息之际，群雁中会由孤雁放哨警戒。

所谓犬为地厌、雁为天厌、鳢为水厌，这三种生灵最是敏锐机警，一有什么风吹草动，群雁就会立刻飞到空中躲避，所以，不论是猎户还是野兽，都很难轻易接近地上的雁群。

雁之信，则是指大雁是南北迁徙的候鸟。因时节变换而迁动，从不爽期，至秋而南翔，故称秋天为雁天。

一、主张诚信是一种美德

诚信不仅是一种品行，更是一种责任；不仅是一种道义，更是一种准则；不仅是一种声誉，更是一种资源。

就个人而言，诚信是高尚的人格力量；就社会而言，诚信是正常的生产生活秩序；就国家而言，诚信是良好的国际形象。

人们都希望生活在一个诚信无欺的环境中，但是，在我们的周围仍有许多让我为之担忧的事情，因为他们失去了诚信，为社会造成了不良的危害，甚至为我们人类带来了灾难。例如：给馒头里放点洗衣粉；给猪喂点瘦肉精；用福尔马林浸泡海鲜；制假造假贩假；等等。这些行为让人叹为观止，更让我们难以理解，在这些唯利是图的人的心中，难道诚信就这么不堪一击吗？

诚信是一个人的胸襟，坚守诚信是对生命的热爱。即使你再有鸿鹄之志，殊不知丢了诚信，人生之路又岂能长久的熠熠生辉呢？

提高全社会的诚信水平，人人有责，人人有利，个个出力，个个受惠。如果你骗我一下，我骗你一下，骗来骗去，只能落个"两败俱伤"。

翻开中华民族五千年厚重的文明史就会发现，诚信是我们中华民族的宝贵财富，中华民族历来都把"诚信"作为一种美德，一种修养，一种文明，追而求之，歌而颂之。

作为一名学生，我们需要诚信，我们呼唤诚信。诚信是美丽的，它给世界带来了温暖的阳光；诚信是微小的，它只需要占据心灵中一个很小的角落，就可以照亮我们的整个人生！

我们应该牢记：心底坦荡天地宽，诚信为人，必能取信于人，立信于人，收获的一定是知己朋友满天下；诚信做事，必能韧如江流，赢得天下的信赖和尊重；诚信对待生活，才能挫之不馁，安之不燥，终将成功，信达天下。

二、诚信教育的工作主张

在中国几千年的文明史中，人们不但为诚实守信的美德大唱颂歌，而古时候的中国就有许多诚实守信的例子：曾子就是个非常诚实守信的人。有一次，曾子的妻子要去赶集，孩子哭闹着也要去。妻子哄孩子说：你不要去了，我回来杀猪给你吃。她赶集回来后，看见曾子真要杀猪，妻子连忙上前阻止。曾子说：你欺骗了孩子，孩子就不会再信任你了。说着，就把猪杀了。曾子不欺骗孩子，也培养了孩子讲信用的品德。

（一）班主任率先垂范，诚信教育日常化

班主任首先要发挥表率作用，"学高为师，身正为范"。在学校里，班主任一般是学生模仿的对象，班主任要以诚待人，要真诚地面对学生，认真听取学生的意见；引导学生不讲大话、套话，要讲真话、心里话，做一个诚实的人。班主任要保持良好的师德，在学生面前讲的话、承诺过的事一定要做到，时时处处表里如一、言行不二。

其次，结合本班学生的实际情况，每月召开一次诚信教育主题班会。组织学生认真学习《中学生守则》《中学生日常规范》《公民道德建设实施纲要》"八荣八耻"等，认真学习学校的各项规章制度及班务公约等，同时要求全班学生在平时对照这些规章制度严格要求自己，好的方面要发扬光大，不足之处要弥补改正。充分利用主题班会，组织学生进行讲诚信故事比赛，以诚信为主题进行演讲比赛，收集诚信格言评比等。启发学生发表个人的意见，阐述自己的观点，让学生明白真诚待人和诚实守信的重要意义。要求学生每学期阅读一本有关诚信教育的书，组织学生每学期举行一次以"诚信"为主题的作文竞赛，每个月收集一个有关成功人士的诚信故事，一周收集并记住一句自己最喜欢的诚信格言。

（二）细致入微观察、教育有针对性

班主任在平时要多注意观察学生的言谈举止，细致了解学生的所作所为。班主任接班后，要充分利用自己的课堂教学或课余时间细致观察全班学生的学习、行为习惯，要事事留心、处处注意、时时观察，尤其在学生最不经意的时候观察他们的外在行动和情绪变化。常言道："目有所见，心有所念，行有所动。"观察学生是班主任了解学生、因材施教的前提，是班主任积累素材、顺

利开展工作的基础。只有细致观察，才能发现问题，发现问题才能有针对性地进行有效督促、正确引导，才能因材施教，培养学生良好的行为习惯。

班主任要有爱心、耐心、细心及责任感，对学生在学习生活中表现出的诚信事实要予以充分肯定，多给表扬、鼓励；对出现的问题要耐心倾听学生的说法、观点、想法，做好相关记录，要以理解的态度和热情，进行疏导与指正。

班主任要设身处地为全体学生着想，要从学生的角度和立场对待、理解学生，"人非圣贤，孰能无过"，更何况是正在接受教育的未成年人，他们出现这样或那样的错误都很正常，最关键的是班主任如何看待、处理这些问题。一旦学生犯了诚信错误，班主任必须及时指出，要让学生知道犯错后的严重后果，通过典型事例进行正面教育、积极引导，切忌不能盲目批评甚至对学生进行惩罚。培养学生对真假、善恶、美丑的辨别能力，明确哪些可以做，哪些不能做；什么必须做、怎样做，如何才能做好；什么应该积极提倡，什么应该坚决反对等，树立正确的立场。

（三）营造良好宣传氛围，注重教育活动实效

当今社会，"讲老实话，办老实事，做老实人"被某些人视为"低智商""呆傻"，而不讲诚信的行为则被誉为"聪明""会办事"。这些消极因素势必会对中学生产生不利影响，在这种氛围下成长，他们的诚信意识肯定会下降。班主任要大力弘扬诚信文化，积极开展相关的宣传教育活动。以真诚的言行对待他人、关心他人，对他人富有同情心，乐于助人。严格要求自己，言行一致，不说谎话，作业和考试求真实，不抄袭、不作弊。在守信教育方面：培养学生守时、守信、有责任心，承诺过的事情一定要做到，言必信、行必果。遇到失误，勇于承担应有的责任，要说话算数。

今日校园里的学生，明日就是国家的栋梁之材，做人是学习之根本，而诚信则是做人之根本。诚，就是要诚实待人，以真诚的言行对待他人、关心他人，对他人富有同情之心，严格要求自己，言行一致，不说谎，不抄袭，不作弊；信，就是讲信用、重承诺，一诺千金，犯了错误要勇于承担后果。

目前，个别中学生的道德行为逐渐沦丧、诚信观念不断缺失、蒙骗欺诈行为有发展蔓延之势。班主任一定要发挥好班级管理、引领教育的主力军作用，力争培养一批批遵纪守法、诚实守信的合格公民，为祖国培养一批批"四有"新人，为中华民族的伟大复兴输送栋梁之材。

培养学生从小做一个诚实守信的人！有诚信的人面子上有自尊，目光里有自信，行动中有把握，生活中有朋友。所有的人都把诚信之心携带在人生的道路上，让诚信的人生散发出金子般的人格光芒，筑起人生坚不可摧的铜墙铁壁！诚信对学生一生的成长都有着举足轻重的作用，它是学生们健康成长的守护神。播下诚信的种子，用诚信来创造更加美丽的人生！

三、诚信教育活动方案

"五立"雁文化育人模式下的诚信教育活动方案

为贯彻《中共中央国务院关于加强和改进未成年人思想道德建设的若干意见》和《教育部办公厅关于进一步加强中小学诚信教育的通知》精神，进一步加强对中小学生的思想道德教育，普遍提高中小学生的诚信意识，树立良好的社会风气，建立社会信用体系，现制定《"五立"雁文化育人模式下的诚信教育活动方案》。

一、诚信教育活动的主题

做诚信学生，建诚信班级，创诚信校园。

二、诚信教育活动的目的

（1）通过诚信教育，帮助学生明白诚信的本质和内涵、诚信与道德、诚信与成才的关系，懂得讲诚信是一切道德赖以维系的前提，自觉地做一个有诚信的人。

（2）通过诚信教育，使学生懂得诚信不仅是做人的准则、立业的根基，更是一种社会评价度，树立"诚信第一、品格第一"的理念，养成诚信的良好习惯。

（3）通过诚信教育，大力营造"讲诚信光荣，不讲诚信可耻；讲诚信得益，不讲诚信受损"的校园氛围，教育学生做到"言必行，行必果"，知行统一，使诚信观念扎根校园、深入人心。

三、诚信教育活动的时间

4月8日～23日。

四、诚信教育活动的教育内容

（一）文明礼貌教育

文明礼貌是诚信品质的外在表现。文明礼貌，包括各种场合的文明礼仪，文明的行为举止，使用文明礼貌用语等。通过外在的文明礼貌行为实践养成诚信的内在品质。

（二）遵纪守法教育

自觉遵守社会、学校纪律和法规，是一个人良好社会信誉的标志。遵纪守法教育包括：遵守各种社会法规、教育法规和学术交流的各种纪律，培养遵纪守法的意识和个人的社会信誉意识。

（三）真诚待人和诚实守信的教育

真诚待人、诚实守信，是诚信在人际交往中的表现。包括真诚的理解、看待他人，善待他人，做人要诚实，人际交往中要信守承诺等。通过真诚待人和诚实守信教育，建立和谐的人际关系，体验自尊，提高个人的社会亲和力。

（四）乐于助人的教育

乐于助人是诚信品质的体现。包括富于爱心和同情心，力所能及、主动地帮助他人，把帮助他人视为自己的需要。通过乐于助人的教育，提高关心他人的能力和积极的情感体验。

（五）诚信立人的教育

诚信立人是诚信教育的核心目标和内容。包括确立诚信立人的意识，把诚信作为做人的准则。通过诚信立人教育，唤起自我完善的意识。

五、诚信教育活动的形式

（一）全年级动员宣传

制作一条以"树诚信学风，做诚信学子，创诚信校园"的横额，加强舆论引导，积极营造诚实守信的校园氛围。由年级委宣传部负责。

（二）诚信格言征集比赛

组织各班开展诚信格言征集活动。征集要求：诚信格言要以"诚信"为主题，提炼对诚信的认识、看法与领悟，要求精练、深刻，对他人能够起到启迪、教育作用，字数不超过30字。系部将从中推选5条报年级委宣传部参评。

（三）诚信征文比赛

由年级委宣传部组织诚信征文比赛活动。征集要求：

（1）诚信征文要以"诚信"为主题，写有关诚信的认识、看法与领悟，文章要对他人能够起到启迪、教育的作用。

（2）学生围绕诚实守信，正确对待学习、生活，诚实对待考试、升学等内容进行写作。

（3）可以是观点鲜明的议论文，也可以是反映学习、生活中富有教育意义的小故事等。

（4）字数800字以上，文体不限，要求原创。

（四）开诚信教育主题班会

各班班委会在期中考试前利用班会课时间要召开以"诚信"为主题的主题班会课，请本班班主任到场现场进行诚信教育。

（五）签订诚信考试承诺书

考试前，每个班级都要签订诚信考试承诺书。每个同学都要在本班级的承诺书上签名，以加强每个同学对今后考试的诚信承诺的认识，真正增强同学们的诚信观念，用诚信为校园添光彩。

六、诚信教育活动的安排

（一）宣传发动阶段

（1）利用级组广播、板报、横幅和级组微信公众号等各种途径，大力宣传诚信教育的基本内容和重要意义，营造"人人知诚信、人人讲诚信"的教育的良好氛围。

（2）利用班会时间，召开诚信主题班会。

（二）活动实施阶段

1. 在诚信教育活动期间，各班在全年级范围内组织开展诚信教育"五个一"活动：

（1）召开一次主题班会。组织学生开展以"学以载道、诚信为本"为主题的"诚信学习大家谈"大讨论活动，通过诚信故事会的形式引导大家学习古今中外的诚信典范故事。

（2）抄写一条诚信好名言。收集诚信格言警句，抄写在班级黑板上供大家学习。

（3）出版一期诚信黑板报。各班出一期以"做诚信学生、创诚信班级"为主题的黑板报。

（4）制定一份"班级诚信公约"，并组织全班学生学习并签名。

（5）举办一次以"我身边的诚信"为主题的征文比赛活动。各班评选出5篇优秀征文交年级组。

2. 在诚信教育活动期间，级组组织开展的诚信教育活动：

（1）举办一期诚信教育讲座，举行诚信宣誓。

（2）评选优秀主题班会课、优秀黑板报、优秀征文等。

（3）检查各班的"班级诚信公约"及签名活动、诚信口号的落实情况。

（4）开展一次演讲比赛。

（三）诚信教育总结表彰阶段

（1）级组将诚信教育活动开展情况、征文比赛等活动的资料进行整理和总结。

（2）展示诚信教育活动成果。将诚信教育活动中取得的主要成绩和存在的问题进行总结，在全年级范围内进行经验交流，同时对各类评比比赛的结果进行表彰。

七、诚信教育活动要求

（一）加强领导，认真组织

各班要提高认识，将此次诚信教育活动作为精神文明建设的一项政治任务。

（二）认真实施，注重结合

各班要认真落实诚信教育活动实施计划，充分发挥学生的主动性、积极性和创造性。在开展活动时，要与思想教育、学生素质拓展等活动有机地结合起来，使诚信教育活动取得更大的成绩。

（三）强化宣传，形成氛围

级组要充分利用黑板报、广播、级组微信公众号等宣传阵地，加大宣传力度，营造良好的舆论氛围。

（四）加强对学生的诚信教育

加强对学生的诚信教育是学校不可推卸的责任，希望各班师生以本次活动为契机，从现在做起，从我做起，努力营造良好的文明诚信的氛围，创造人人诚信的精神家园。

第四节　雁涵平台——主力于研究主题班会课

德育工作是学校教育工作的重点和难点，同时也是班主任工作的核心。随着社会信息的不断发展和学校素质教育的不断向前推进，德育工作也面临着新的挑战。班主任如何有效地提高德育工作的水平，我们认为，上好一节班会课不失为一种好方法。

主题班会因内容丰富、针对性强、感染力强、形式多样成为中小学开展德育工作的一条重要渠道。它强调体验感悟、探究学习和理性思考。中学阶段是学生树立正确世界观、人生观和价值观的关键时期，处于这一阶段的学生普遍存在学习压力强、生理心理变化大、人际交往吃力等问题。主题班会能充分发挥集体的智慧和力量，让个人在集体活动中受教育、受熏陶。主题班会是增强中学生德育吸引力和感染力的有效形式。

创新是以新思维、新发明和新描述为特征的一种概念化过程。它包含三层含义：更新、创新、改变。学生正处于一个科技飞速发展的新时代，新时代赖以生存的基础就是不断创新。主题班会模式的创新指教师根据教育内容，立足生本，不断探索有利于学生接受德育内容和在行为上发生积极变化、发展的教育形式。只有实时对主题班会进行更新、创新并且改变，才能提高学校德育教育的针对性、主动性和实效性。

一、班会课主题的确定

班主任在选题时应遵循一定的原则——教育性、计划性、针对性、创新性的原则。内容既要有高度的思想性，又要有强烈的针对性、实效性和科学性，对全班大多数学生都具有吸引力和感召力。这样的主题班会才有利于学生思想素质的提高、意志品质的养成，有利于促进学生全面发展。

（一）结合国家大事拟定主题

现代学生所处时代不同、环境不同，接触的东西也不同。他们的知识面广，求知欲强，兴趣已不再只局限于校内一些琐事，对国家大事有一定的热情。如能根据实事选主题，必会增强学生的社会责任感、使命感，以便将来更好地为社会服务。

（二）结合学校育人规划拟定主题

根据学生身心发展及学校工作开展的需要，学校会在不同时期给学生布置不同的任务。例如：开学初，整顿学生的日常行为规范；考试前，强化学生诚信考试意识；感恩节前夕，引导学生学会感恩等。班主任可以根据这些任务，结合本班实际，为学生展示自己创造舞台，激发他们参与的兴趣，丰富拓展第一课堂知识，启发学生的创新意识。

（三）针对学生心理倾向拟定主题

现在学生学业重、压力大、竞争激烈，不同时期承受不同的压力，如不及时引导疏通，必将导致心理问题的产生。心理健康教育是学校德育教育的重要组成部分，是素质教育的第一步，没有健康的心理与身体，一切教育皆为空谈。因此，可以不定期地邀请一些心理学专家或专业人士，开展"心理健康主题班会"，确保学生拥有健康的心态面对生活及学习中的各种压力。

（四）针对实际班情拟定主题

学生的发展并不一定都会按照原本设计的路线走，有时也会发生突发事件。情况在变，计划要随之改变。应根据当时班级的实际情况确定主题班会的主题。班主任要经常在学生中进行调研，多与班干部沟通，且多留心观察学生的日常行为表现，发现问题，然后为解决这些问题及时召开主题班会，对症下药。这样的班会主题更能满足学生的需要。

二、主题班会课的开展方式

主题班会的过程设计一般可以分为三大环节：点明主题、展示主题、深化主题。主题的点出要简洁明快，让学生一下就进入角色。主题的展示要充实有力，可以多角度、多层次地予以论证，这是主题班会的主体。班会课结束时，深化提炼主题，让学生在脑海中留下鲜明的"痕迹"，久久难忘。

正如教师上课需要做教学设计一样，要上好主题班会课同样需要预先备课，即确定好主题班会的开展形式，做好活动方案。只有这样，才能使班会成功地、有序地进行，达到预期效果。能否正确地选择和设计主题班会的形式直接影响主题班会教育功能能否得到充分发挥。

（一）通过班委会形式开展

班干部是班级领导的核心，在班级事务的处理方面有着明确的分工。让这些班干部轮流主持班会，既能调动这些班干部参与班级事务的主动性、积极性，又能发挥他们参与班级管理的热情。因此，德育教育工作者应充分发挥班委会的作用，促进班级管理和班级建设。

（二）通过专题辩论方式开展

高中生都有着敏锐的思维，能言善辩。班主任可以利用这一优势，围绕特定的主题，开展辩论赛。这种课堂辩论既能培养学生明辨是非、坚定立场、逻辑严密的思维方式，又能促进学生口头表达能力的提高，有利于交际技能的发展。

（三）通过展示才能的方式开展

作为在校生，文化学习是他们的重心，占据他们大部分时间。一旦学业受挫，就备受打击，进而容易使他们否定一切。定期开展才艺主题班会，给学生提供展示自己才艺的舞台，既有利于学生特长的发展，又能培养他们的自信心，并引导学生把这些自信心用到学习上，促进学生身心健康发展。

（四）通过现场体验的方式开展

有些教育意义的主题班会，如"爱国主义教育""培养交通法则教育""增强环保意识教育"等，单靠在班上对学生进行说教是行不通的，可以让学生走出班级、走出学校，换个环境，到现场去体验，充分利用现场的有利条件，将会达到事半功倍的效果。

（五）通过经验交流的方式开展

班会课可以源自生活并重新回归生活，产生德国教育家博尔诺夫所说的"唤醒""号召""陶冶"等功能，促使学生的觉醒与综合素养的发展。学生在校努力学习就是为了提高学业水平、提高未来生涯规划能力。学生自身的摸索和实践固然不可少，但需要借鉴前辈和优秀同龄人的成功经验。因此，在学生感到茫然不知所措或考试前夕，可以利用班会课组织这种经验交流会，互相交流成功的经验，促进共同进步。

（六）利用先进的现代信息技术开展

网络纵横四海，跨越时空，不受时间和空间的限制，且蕴藏丰富多彩的德育教育资源。通过播放相关网络视频、制作课件等，将传统主题班会与网络结合，充分发挥两者的优势，将单一的教育价值观导向多元、开阔的教育价值观，对学生进行情景化、形象化的德育教育，对学生的吸引力将更强，教育更具个性化、针对性和实效性。

当然，主题班会采取哪种形式，应根据学生所处环境、学校的软硬件条件、学生的知识面和年龄等实际情况而不同，做到因材施教，原则是学生能够接受，才能达到德育教育的目的。

实践证明，创新是主题班会的根本。传统的主题班会要想突破已有陈旧理念和落伍的实施方法，必须与时俱进，不断创新。只有力求创新、优化主题班会的内容与形式，内容上求精，形式上求新，安排上求活，让每名学生都能充分学到知识，成才的同时做对社会有用的人。

三、主题班会课的德育功能

主题班会是在班主任的指导下，全体学生共同参与的为解决班级或学生成长中存在的教育问题，围绕某个主题而实施的班级活动。主题班会针对的是班级中的现实教育问题，其中班级、学生成长中的所有共性问题或话题都可以提炼为主题。主题班会可以促进学生的全面发展，可以促进学生的学业成长，激发学生的学习动机，有时甚至可以帮助学生解决学习中遇到的各种困难，帮助学生建立良好的学习习惯。

（一）可以有效促进学生进行自我教育

自我教育即自己对自己的教育，在学校的育人环境中，促使学生自我教育的最有效的手段和途径就是主题班会的开展。苏霍姆林斯基曾说："只有能够激发学生进行自我教育，才是真正的教育。没有自我教育就没有真正的教育。"有效的主题班会能激发学生高度的自觉性，培养和发展学生的自我完善能力，具有价值引领的作用。班主任通过设置不同的主题班会，可以帮助学生解决日常生活中遇到的各种困惑，真正实现由他律到自律的转化。如在班级管理中，很多学校和班主任都会设置关于"诚信教育"的主题班会，召开该主题班会的背景一般是将要举行期中、期末或阶段性测验，或是班级中出现了某一特殊的与违背诚信相关的事件。但无论什么背景，班主任如果能够认真思考，科学谋划，合理组织，就一定会让学生懂得"诚信"的重要性，养成诚实守信的良好品德，真正达到自我教育的目的。

（二）可以增强班级的凝聚力

班级凝聚力，是指一个班集体对本班学生产生的吸引力。学生只有在学风和班风良好的班集体中，才会有责任感和荣誉感，才会时时处处想着集体，乐于为集体出力，为集体贡献才智。主题班会是培养学生的能力、增强学生团结协作意识的重要载体，一次卓有成效的主题班会，会让学生在心灵上受到很大的震撼，会对学生的行为产生深远的影响，增强班级的凝聚力，使班级成为一个优秀、文明、集体荣誉感强的班集体。如在学生参加各类比赛或班级将要参加学校组织的大型活动之前，富有经验的班主任总会召开一节与增强班级凝聚力相关的主题班会，通过创设平等、宽松、和谐的课堂氛围，来构建努力向上、团结一心、互帮互助的班集体，通过主题班会来促成班级合力和向心力的形成。

（三）可以引领班级形成良好的班风

班风，是由班级成员共同营造的一种集体氛围，反映了班级成员的整体精神风貌与个性特点，体现了班级的内在品格与外部形象，引领着班级未来发展的方向。有效的主题班会可以密切师生关系，实现生生、师生的互相沟通与理解。班主任可把主题班会当作良好班风形成的载体和锻炼学生能力的赛场，激发学生拼搏向上的精神，培养学生主动参与的意识。如在新生刚入校或每学期刚开学的班会课时间，班主任总会设置"新学期，新打算""努力今天，收获明天"等主题班会，目的都很明确，就是为了构建良好的班集体，引领班级形成良好的班风。

（四）可以澄清学生的价值取向

价值取向，是一个人在世界观、人生观、价值观等方面的思想认识水平，也是一个人的政治立场、观点与态度的具体表现。从教育意义上讲，主题班会主要是让学生明确、统一和强化对某一问题的认识。班主任在选择班会主题的时候，经常会针对班级中存在的问题，选择一些能帮助学生澄清认识上的误区、矫正学生日常生活中不良行为习惯的主题。通过主题班会的召开，学生可以获得某一方面的建议，纠正学生的价值取向。如曾开展的"故乡名人录"主题班会，会激发学生热爱故乡、向前辈学习的情感；开展的"感恩励志教育"

系列主题班会，能帮助学生"明伦理、扬美德、励心志"，激发他们对学习、对前途、对人生的思考。

（五）可以激发学生的道德情感

道德情感，是指一个人在处理与他人、与社会的关系时所表现出来的思想及行为方面的稳固特征。道德品质的养成不能靠空洞的说教，它是以情感作为前提的一种思想的升华。主题班会因为有活动和学生的参与，而且学生在活动过程中会有自己切身的体验和感悟，所以更容易触动学生的心灵，引发学生的情感共鸣。如在初中阶段设置"学会了解与尊重"的主题班会，可以培养学生相互尊重的意识；再如在"关爱生命"系列主题班会活动中，班主任可通过青春期教育、防溺水教育、防电防火教育、留守儿童教育、单亲家庭教育等多个子话题，构建以生命为核心的教育理念，培养学生的道德情感，实现情感的升华。

德国哲学家雅斯贝尔斯曾说过："真正的教育是用一棵树来摇动另一棵树，用一朵云去推动另一朵云，用一个心灵去唤醒另一个心灵。"在教育教学过程中，班主任是学生成长道路上的引路人，肩负着"一棵树、一朵云、一个心灵"的使命。因此，班主任在设置主题班会时，一定要明确主题班会在班级管理中的作用，科学合理地设计主题班会。

四、雁涵平台中学各学段参考主题

主题班会既是教育的主阵地，也是学生展示、表现自己的绝佳舞台。班主任应有意识地帮助和培养学生形成与提升策划、主持开展主题班会的能力。通过主题班会，使学生自行处理班级问题，针对班级现象及自己的困惑等，加以讨论、争辩，获得解决问题的最佳策略及应对措施。

例如，讨论、辩论、演讲、唱歌等灵活多变的主题班会形式，不仅可以活跃班会上的气氛，而且可以培养学生抓班会主题、找议题中心的能力。让学生通过倾听进行比较，哪名同学说得好？好在哪里？为什么这样说好？如果让自己说应如何表达？借以培养学生思维的逻辑性、敏捷性，语言表述的准确性等，从而有效开发学生的思维能力。

（一）基于成长规律的系统精品主题规划

高一阶段：以亲情教育为核心，与人相处，培养性格

《百善孝为先》——传承好家风

《知人者智，自知者明》——认识自我

《美丽的青春期错误》——"早恋"的危害

高二阶段：以能力培养为核心，提高情商，完善品格

《脊梁与担当》——提升责任意识

《馨空，星空》——好情绪助你成功

《双刃剑》——端正竞争心态

高三阶段：以奋斗教育为核心，挑战自我，健全人格

《你握笔的手，有我们的力量》——师兄师姐榜样的力量

《你想，理想》——确立奋斗方向

《沉潜心态，漫步"高原"》——端正高考心态

通过系列主题班会，并配合其他班级活动，增进了班级凝聚力，锻炼了学生解决问题的能力，也促进了学生多方面素质的提升。

（二）基于学段特点的雁涵平台参考主题

七年级主题班会课每月名录推荐系列

月 份	主题班会
九月	《中学与小学》
	《习惯成自然》
十月	《我爱我的祖国》
	《我们的运动会》
十一月	《团结合作，共建和谐班级》
	《我爱我班》
十二月	《打开记忆之门》
	《诚信在我心》
一月	《如何缓解学习压力》
	《期末考试，你准备好了吗》
二月	《文明·礼仪》
	《守护天使——有效预防校园欺凌》

续 表

月 份	主题班会
三月	《了解中华传统节日，弘扬祖国传统文化》
	《榜样在我身边——"学雷锋"主题活动》
四月	《人际关系——亲子关系》
	《"孝"在我心中》
五月	《走进名著》
	《阅读改变人生》
六月	《点赞的艺术》

八年级主题班会课每月名录推荐系列

月 份	主题班会
九月	《初二，你好！》
	《做好自己，携手共进》
十月	《悦纳自己的性别角色》
	《弘毅·拼搏》
十一月	《阳光男女孩》
	《诚信为立人之本——社会主义核心价值观教育》
十二月	《花季·青春期》
	《说说青春期叛逆》
一月	《挫折教育》
	《让"友善"常驻我心》
二月	《我是谁？》
	《00后，我们为自己代言》
三月	《个人与集体》
	《我能行——积极心理学初识》
四月	《做最好的自己》
	《互助·快乐》
五月	《勇担责，铸中国梦》
	《放飞青春，追逐梦想》
六月	《往事不如烟——回顾我们的初二》

九年级主题班会课每月名录推荐系列

月份	主题班会
九月	《激励·你我·前行》
	《学法指导——如何学好化学》
十月	《依计划行事》
	《我有一个梦想》
十一月	《明德笃行——行动的力量》
	《珍爱生命——生命教育系列》
十二月	《下一站，成功》
	《追逐梦想》
一月	《我准备好了——期末考前总动员》
	《应考技巧辅导》
二月	《正三观》
	《学习锦囊妙计》
三月	《一起走过的日子》
	《愈战愈勇》
四月	《把握自己的方向》
	《我的未来之路》
五月	《考前准备》
	《人生十字路口》
六月	《中考，我们来了》

高一年级主题班会课每月名录推荐系列

月 份	主题班会
九月	《新征程，新挑战》
	《明德弘爱，涵养淑世情怀》
十月	《和平崛起的中国》
	《初高中学习之不同体验》
十一月	《时间管理大师》
	《开启生涯规划之门》

续 表

月 份	主题班会
十二月	《感恩有你，一路同行》
	《做情绪的主人》
一月	《从阅读到悦读》
	《正确对待人生的每一次考试》
二月	《爱我家乡》
	《我的青春我做主——社团活动风采展（下）》
三月	《责任，让我们璀璨生光》
	《种下一棵树，编织一个梦》
四月	《做时间的主人》
	《家风家训调研成果展示》
五月	《传承"五四"精神，做有为青年》
	《拥有一颗感恩的心》
六月	《让负翁变富翁——你会理财吗》

高二年级主题班会课每月名录推荐系列

月 份	主题班会
九月	《美，是一种生活方式——培养健康的审美观》
	《沟通·解惑——合作学习》
十月	《中国，您是我的荣耀》
	《我的青春色彩——学校体艺节总结》
十一月	《责任与担当》
	《花季少年——青春萌动期》
十二月	《寻梦，我们一直在努力——提升学习动力》
	《感动人物颁奖礼》
一月	《我们的时代——与时俱进信息时代议题》
	《如何缓解学习压力》
二月	《我们家的春节——分享中华传统节日文化》
	《正义天使——杜绝校园欺凌，从我做起》

续 表

月　份	主题班会
三月	《世界因生命而精彩——生命教育价值研讨》
	《对青春期性行为说不》
四月	《"孝"在我心中》
	《立德树人，修身养性》
五月	《领读者——走进名著世界》
	《合作与竞争》
六月	《考试"诚"为先》

高三年级主题班会课每月名录推荐系列

月　份	主题班会
八月	《高三苦，但苦到尽头方知甜》
	《学法指导——高三学生如何科学用脑》
九月	《优秀毕业生面对面》
	《我与"九一八"》
十月	《如何消除焦虑》
	《依计划行事》
十一月	《如何与父母汇报和探讨成绩》（亲子班会课）
十二月	《责任是基石——社会主义核心价值观教育》
一月	《表彰与学习经验交流》
二月	《挫折教育》
	《让"友善"常驻我心》
三月	《高原上再攀新高》
四月	《让生命之花更加璀璨》
	《智慧冲刺，科学备考》
五月	《团体心理辅导》
	《调整状态，赢在高考》
六月	《应试锦囊妙计》

五、雁涵平台精彩主题班会设计案例

七年级精彩案例

我，来自我们

—— 七年级学生"雁阵团队"主题班会

【学情分析】

教学对象是七年级（3）班的学生。班级刚刚建立两个多月，学生已经一起经历过军训、校运会等大型活动，对同学、班级有了初步认识，可能各种因理解不够、沟通不当而产生的问题也开始出现。此时需要进行以"团结"为主题的班会，既是对前阶段班级情况的总结，也为下阶段集体建设做准备。

【教学目标】

（1）通过游戏，引导学生理解个人与集体的关系，以及团结的重要意义。

（2）以大雁为例，引导学生思考实现班级团结的方法。

（3）鼓励学生思考个人如何为集体做贡献。

【教学重难点】

引导学生领会个人与集体的关系，理解团结的意义，进而思考如何实现班级团结。

【教学方法】

1. 游戏体验法

两个当堂游戏，从中感悟个人与集体的关系（预计参与超20人次）。

2. 讨论分享法

思考问题，通过分享强化对"团结"的理解。

【教学手段】

音乐、视频和PPT多媒体教学。

【教学流程】

教学环节	教学活动创设	学生活动	设计意图
1.引入	课前玩"俄罗斯方块"游戏	分享感悟	吸引学生兴趣，为"团结"主题作铺垫
2.游戏1	玩拼图游戏："遇见"	邀请3组学生（每组3~5人）上台比拼（其中有一版拼图被藏起一块）	通过游戏体验，获得感悟：无论画着什么，缺了谁，拼图都是不完整的。每一小块都是整体的一部分，都很重要
3.游戏2	"凑钱"游戏："2元"1张、"1元"4张、"5毛"4张、"1毛"6张，说出一个金额，请参加者快速自由组合，多余的同学淘汰	自愿上台当"钱"，按指令自由组合，并分享感悟	通过游戏体验，获得感悟：团结在一起才能够发挥作用；每一毛钱，都有它的价值，都有自己的位置
4.游戏环节总结	总结两个游戏带来的关于"个体"（"我"）与"集体"（"我们"）的启发，并展示相关名言警句：雁怕离群，人怕掉队。人多山倒，力众海移。一箭易断，十箭难折。单丝不成线，滴水不成海，独木难成林。	讨论并分享感悟	引导学生得到启发：许许多多个"我"，团结起来成了"我们"；而"我"，同时也来自"我们"。团结就是力量
5.深入探究	提问：既然团结重要，请问如何实现班级团结？（向大雁学习！）向大雁学习什么？	讨论并分享	引起学生对日常集体建设的思考，回应"雁文化"主题：忠诚、分担、弘毅、鼓励、互助，为具体情境应对作铺垫
6.具体情境应对	情境1：校运会 情境2：大扫除 如何在该情境中实现班级团结？	讨论并分享	引导学生将"团结"精神贯彻到日常生活中
7.主题升华	提问：你想成为哪一只大雁？（头雁、哨兵雁、觅食雁等等）	思考并分享	引导学生思考自身定位，即自己作为一个个体，能够为集体做什么以促团结，回应"雁文化"

续 表

教学环节	教学活动创设	学生活动	设计意图
8.总结	展示由全班同学及班主任名字组成的大雁图（班主任及班干部的名字已加大）	观看图片	再次强调个体与集体的关系，并进行最后总结："我"，来自"我们"。每位同学都是班级中的一部分，不可或缺。愿大家都能发光发热，把七年级（3）班建设成为一个团结友爱、积极向上的优秀集体！
9.课后延伸	课后任务："守护天使"活动 1.抽到就认定，一切都是缘分，原则上不允许换人，尤其不能故意换成自己喜欢、熟悉的人； 2.这是个秘密，要努力隐藏自己，不得向别人透露守护的对象，绝对不能让当事人知晓；同时要努力地猜猜自己的天使是谁； 3.默默地关心他（她），了解他（她），爱护他（她），至少给他（她）做点什么［如督促他（她）学习；教他（她）做题；买杯奶茶；写封赞美信；留张问候的小纸条；准备一份小礼物；等等，总之努力制造小惊喜］； 4.请记下他（她）令你印象最深刻的一件事、一个动作，或一个瞬间； 5.大家可以在自己的桌面留纸条，公告一个近期的小愿望（不能脱离实际，越具体越好，但一定要容易完成），或许会有天使帮你完成； 6.两周后分享心得体会	抽签，得到自己所守护的同学的名字	鼓励学生互相关注，促进班级团结

谁言寸草心，报得三春晖

——八年级学生的感恩教育

【活动目标】

（1）通过开展调查和角色互换体验活动来品味亲情，促进学生与父母之爱的亲历与感悟；使学生体会到父母对自己的养育之恩，理解父母之爱并产生感恩之情。

（2）学会表达对父母的爱，学会理解和换位思考，并把感恩之心化为感恩之行，以实际行动报答父母之爱。

【活动准备】

1. 进行亲情小测验

"我对爸妈知多少"，以测验学生对父母的了解程度，并对数据进行统计。通过答卷使学生认识到自己对父母所知甚少，由此引出综合实践活动——"调查研究、走近父母"，了解父母，品味亲情的温度。

2."走近父母"之综合实践活动

雁队名	任 务	方 法	结果呈现方式
永恒胜利、雁鹰队	成长账单： （1）给家庭的开支算一笔账：自己一周的开支（包括课外补习等费用）、本周内占全家各项开支总数的百分比； （2）从出生到现在在自己身上的开支总额	收集各项数据，记录、统计、计算	每人收集并记录好数据后上交给队长，队长整理总结。 队长： （1）绘出扇形统计图（百分比）； （2）算出成长开支总额的平均数
保持决心	调查统计一周内全班同学： （1）父母为我做的事； （2）我为父母做的事	雁队进行小实验、收集文字数据、统计	讨论写出实验报告结果
傲之追梦、多棱镜队	调查父母一周的工作、家务等情况，列出父母详细的作息时间表（工作日+周末）	观察、了解、记录、统计	每人列出父母作息时间表并写下感悟。队长汇总并派代表汇报

续表

雁队名	任 务	方 法	结果呈现方式
煊臻以恒、胜羽之心队	与父母角色互换，亲历体验——利用周末的时间，当一天家长，洗衣、叠被、买菜、做饭、打扫卫生、带弟弟妹妹、预算开支等。体验当家长的感觉	记录、写日记	队员写出当一天家长的收获和感想。队长汇总并派代表汇报

【活动过程】

1. 亲子游戏

默契大考验。

2. "走进父母"之雁队实践调查汇报

雁队派各自代表汇报交流并展示各自雁队的实践调查成果及统计图表；学生互动交流，分享感悟。

（1）成长账单。

（2）父母作息时间表："父母的一天"。

（3）爱的天平：

① 展示实验结果"倾斜的天平"：本周父母为你做的事情对比你为父母做的事情。

② 生活情景剧《轻狂的我们》：学会审视自我行为，换位思考，理解父母之爱。

（4）角色互换体验："今天我当家"。

3. 分享爱的故事：成长的感动

播放亲子照片集，配上背景音乐，让学生回忆自己成长历程中父母为我们做的点点滴滴，引起共鸣。学生分享成长过程中的令自己感动的故事。

4. 爱的表白

写下心里话"爸爸妈妈我想对你们说……"，并分享给大家。

5. 班主任小结

以感恩之行动，给予自己及父母一个最真实的告别童年、拥抱少年的成长仪式。

（1）雁队征集表达爱的行动方案：讨论交流如何把感恩之心化为感恩之行，把爱带回家，每个雁队自由发言、相互补充，制订一套可行的、有创意的表达爱的行动方案。

（2）倡议21天感恩父母小行动：坚持给爸爸妈妈送21天的礼物，并写感恩日记。

6. 心语点灯

齐唱《拥抱爱》。

【活动延伸】

延续爱，回报爱——"寸草报春晖"之家庭活动日。

1. 学生实践爱，把爱带回家

（1）改变自己，勇于向父母表达爱，并采取各种实际行动表达对父母的爱意及孝心。

（2）感恩日记：写家庭活动日日记，记录活动中自己的心路历程，即点滴做法、行动及收获。

2. 家长鼓励爱、回应爱

（1）回应孩子之爱，并以照片、视频、微信录音等形式分享家庭活动日的主题活动——"拥抱爱"，以及活动中孩子的行动及感悟，寄托殷殷期盼。

（2）以本次活动为契机，与孩子相互交流，了解彼此的想法，找到并运用适合亲子之间爱的表达方式，营造和谐的亲子关系。

3. 教师跟踪爱、提升爱

（1）定期跟踪、收集整理学生的小作品（如贺卡、心语卡、小礼物、感恩行动与小视频资料）、汇总过程性资料（如学生的感恩日记、家长反馈的资料），定期分享交流。

（2）在班会、晨读、期末家长会上组织分享交流。

【活动反思】

本系列活动以生命的温度为主线，设计包括本节的主题班会、准备及延伸活动，第一节：走进父母，品味亲情的温度——感受爱、体验爱；第二节：谁言寸草心，报得三春晖——体会爱、理解爱、表达；第三节：延续爱、回报爱。层层递进。

真正的教育是自我教育，即让学生在活动体验中学习的教育。通过开展调查和体验活动，感动、震撼学生的心灵，促进学生对父母辛劳的感悟与反思；通过探讨交流表达爱意的实际行动，指导学生的实践行为；促使学生"在活动中体验、在体验中感悟、在感悟中成长"。通过系列活动，期待家庭关系更融洽，鼓励家长也参与其中，发挥家校合力的作用，使"拥抱爱"的感恩活动能够形成内心的交流，以爱融化隔阂，以爱感染爱，从而使爱的暖流在父母与孩子之间流淌，浸润着、丰富着有温度的生命体。

让生命之花更加璀璨

——九年级学生的生命教育

【活动背景】

初中阶段是学生学习时期的一个风暴期，学生在这个阶段会面临许多困惑与矛盾，尤其是在九年级这个时期。因此，引导学生珍爱生命，永不放弃，是此阶段心理健康教育的重点。

"珍爱生命"这一主题分为三个层次：一是认识到生命的脆弱，无论何时都不轻言放弃，要勇于承受挫折，要勇敢、坚强；二是对任何生命都要报以肯定、尊重、悦纳的态度；三是不断延伸生命的价值，激发学生努力突破自我，不断实现自我价值。

本设计是让学生去理解、去体验、去感知生命。通过一些游戏环节，从而懂得生命的珍贵，学会从点点滴滴的小事做起，不断提升生命的价值，让有限的生命焕发光彩，并为之不懈努力。

【活动目标】

通过教学活动，让学生对生命有个全面的认知，让学生能正确地对待生命，珍惜生命，热爱生命，做一个拥有"生命价值、生命质量"的人。

【活动对象】

九年级学生。

【活动形式】

诗歌及散文分享、活动体验、范例展示。

【活动准备】

白纸、钢笔、活动材料（周大观的《我还有一只脚》、桑兰的《我的梦》，毕淑敏的《我很重要》）。

【班会过程】

环　节	教师活动	学生活动	活动目的
1. 导入：创设情境，营造心理氛围	教师：同学们，你们平时有心情不好的时候吗？当心情不好的时候，你们是否会想到生活没有意义呢？是否会怀疑自己呢？请同学朗诵并欣赏毕淑敏的《我很重要》。 小结：听过了毕淑敏的《我很重要》，我想我们每个人都懂得了自己在父母、亲人、朋友心中的重要性了吧，那么，我们就更应该珍惜自己的生命！对于每个人来说，生命都是宝贵的，因为生命对于每个人来说只有一次	一名同学朗诵课文，其余同学仔细聆听，并观看PPT	让学生在聆听中思考生命的意义。 通过本次活动创设出了浓厚的感知生命的氛围，激发了学生的内在情感，打开了学生情感的大门，让学生用自己的眼睛去观察生命的美好
2. 故事分享，触动心灵	请两名同学分别介绍周大观和桑兰。 布置任务：欣赏周大观的《我还有一只脚》、桑兰的《我的梦》并谈谈感受。 小结：人的一生中有很多鸿沟，中考、高考、找工作、结婚等，这中间都可能遇到各种各样的困难。而这些痛苦、困难都在磨炼我们的意志，是我们人生中的财富，因为这些可以使我们的根扎得更深，让我们以后活得更加精彩。走出困境。战胜自己	欣赏周大观的《我还有一只脚》、桑兰的《我的梦》，学生自由发言，谈谈感受	利用名人的事迹来触动学生的心灵
3. 情境体验，加深认识	布置任务： 首先要求每名学生在发的白纸上写上对自己最重要的5个人的名字，假设和生命中最重要的这5个人去菲律宾的宿雾旅游。下飞机后，在宿雾岛的轮渡中，突然狂风暴雨袭来，风浪卷走了一个人，此时要求同学们划去其中一个人；好不	按教师的引导进行体验。每6个人一组相互交流。再全班进行交流。 ①生命是脆弱的，生命只有一次，所以我们应该珍惜生命； ②生命也是非常宝贵的，没有生命，就不能领略和享受美好的生活，即	体验教育，提高学生对生命脆弱的感知能力

续 表

环 节	教师活动	学生活动	活动目的
3.情境体验，加深认识	容易到了目的地，从宿雾码头到酒店的路上，由于司机的玩忽职守，不幸发生了车祸，伤亡一人，请同学们再划去一个人；剩下的3个人终于到了酒店，准备开始浪漫的旅程。第二天，出海看海豚表演，海豚很卖力，似乎在欢迎远道而来的客人，船上的游客都涌向同一侧，船翻了，一个人掉到了海里，请你再划去一个人；当你好不容易走出悲伤并吃过海鲜大餐后，傍晚在美丽迷人的海滩散步时，但祸不单行，海啸又不期而至，又夺去了一个人的生命，请你划去最后一个亲人，只剩下自己；此时你游兴大减，独自一人黯然回国。在从宿雾到香港的飞机上，不幸飞机出现了技术故障，机长给你一分钟的时间写下遗嘱，现在请同学们开始写遗嘱…… 小结：生命是多么的不容易，即便是痛苦，能活着去感受，也是件多么幸运的事	使是浪漫的海外游，也是一场空	
4.说出珍爱生命的誓言	引领学生一起说出珍爱生命的誓言	郑重地宣誓：一定要珍爱生命，坚强地生活，用自己坚强的心去克服成长的困难，征服人生的高山，永不气馁，绝不退缩。 我也希望与我同样生活在花季的少年们能够珍惜生命，坚强地生活，因为彩虹总在风雨之后出现； 我们要珍爱自己，对自己的一生负责，做一个让生命有意义的人； 我要用感恩的心去生活，让生命之花更加璀璨……	通过庄重的仪式，学生体会到生活是美好的，生命是最为宝贵的，生命也是很容易受到伤害的，所以要热爱生命，珍惜生命

续 表

环 节	教师活动	学生活动	活动目的
总结：珍爱生命，需要从心开始。只有心灵美丽，才能感受到生命的美丽。我们要拥有健全的心智、正确的自我意识、坚定的信念与顽强的意志，要用良好的心理素质面对人生的各种挫折和失落。 成长的过程中，我们都经历过黯然的惆怅、难耐的孤寂、压抑的委屈、落空的期盼、留不住的甜美！生命中有太多不能承受之重，让我们常常在失落、焦虑，甚至是痛苦中挣扎。心理问题已经成为一个沉重的话题，就摆在我们眼前，不容逃避。所以，我们应该积极行动，从心开始，从心出发，珍爱我们的生命。为此，我们向全校同学倡议：珍爱生命，从此刻开始！			

高一年级精彩案例

珍惜时间，制订学习计划
——高一学生作息时间设计方案

【活动背景】

养成健康正确的作息时间对于身心都能起到促进作用。高中学习的任务比初中重了很多，生活节奏也快了很多。只有规划好时间，按计划进行，高一学生的学习效率和效果才能突显出来。为了使学生尽快适应高中生活，怎样科学地规划时间是亟须解决的一个问题。

【活动目标】

1. 知识目标

通过引导学生制作学习时间表，使学生学能够有计划地、合理地安排作息时间，从而完成学习任务。

2. 能力目标

使学生保持合理的学习和生活节奏，科学地规划自己的学习、娱乐等日常生活时间的能力。

3. 情感态度价值观

使学生知道珍惜时间的意义，懂得养成有规律的作息习惯的重要性。

【活动重难点】

活动重点：懂得合理规划学习时间的重要性。

活动难点：懂得珍惜时间，制订好学习计划。

【活动形式】

小活动、视频、小组讨论。

【活动准备】

每名学生有一个时间条、一张时间安排表；班级晚修小视频；歌曲《珍惜时间》。

【活动过程】

1. 思考：为什么大雁要往南飞？

主持：同学们知道为什么大雁要往南飞吗？

（同学们答：大雁属于候鸟，往南飞是去越冬。）

主持：是的。它们来去的时间、地点都很有规律，有固定的越冬场所、繁殖和迁徙的地点。也可以说，大雁是有作息习惯和生活计划的。为了觅食生存、繁衍后代，它们秋天往南飞，春天往北飞。大家可曾考虑过：假如大雁没有规划好时间，没有及时地迁徙，后果会怎样？

（同学们答：很严重。）

主持：是的，后果很严重。同样，作为高三的学生，如果没有规划好时间，就没有高的学习效率和好的学习效果，我们就不能"飞"到我们的目的地——"理想的大学"。今天，我们就一起来探讨一下"如何合理规划好时间"。

2. 小活动：手撕时间条

（1）主持：首先，我们要反思一下目前我们的时间利用情况。我们先来玩一个小游戏"手撕时间条"。（PPT展示游戏规则。）

请大家拿出一个白长条，假设这是一周的时间，里面印有刻度尺，每一个长格表示1天的时间。我们先来算一算自己每周睡觉、吃饭的时间，然后从底部起撕去这些时间；再算一算我们平时每天浪费在玩手机、看电视、聊天等的时间，然后从时间条里撕去这部分时间。现在，四人小组比较一下，看看谁剩下的时间条最长。

（2）主持：你们有什么样的感想？采访一下时间条最长和最短的几名同学。（学生交流讨论）我们再请两名班级"学霸"谈谈他们的时间条的内容。

我们简单地讨论一下"浪费时间的表现"和"节约时间的表现"（同学们讨论收集信息）。

小结：时间对每个人来说都是公平的，但是每个人对时间的利用却是不同的。掌握好备考主动权的一大因素是掌握好时间的主动权。在学习上所花的时间和学业成绩也是成正比的。所以，时间是宝贵的，不能轻易浪费，哪怕是一分钟的时间。

3. 反思我们的学习状态

主持：刚才我们讨论了业余时间的利用，那我们"学习专有时间"——自习课和晚修课又利用得如何呢？下面请观看班级晚修小视频。

（该视频是近日的某个晚修课，时长约1分钟，只拍同学们的背影，有睡觉的、玩手机的、吃零食的、聊天的。视频配有文字：在××日晚修中，你是否在别人奋笔疾书时呼呼大睡？你是否还沉迷于手机游戏？你是否在晚修时静不下心？吾生有涯，惜时莫蹉跎；而知无涯，积微方成著！）

同学们看后都羞愧于自己没有利用好时间。

主持：大家都太心急了，急于看见成果、看见收获，却没有耐心把时间花在耕耘上，不甘于寂寞！哈佛有一个著名的理论：人的差别在于业余时间，而一个人的命运决定于晚上8：00～10：00点之间。每天抽出2小时的时间用来阅读、进修、思考或参加有意义的演讲与讨论，你会发现，你的人生正在发生改变，坚持数年之后，成功会向你招手。所以，我们不要每天抱着QQ、微信、游戏、电影、肥皂剧……"奋斗"到12：00都舍不得休息。在高三，要忍得住寂寞。我们要有危机感，不能太放纵自己，一定要改掉这些坏习惯，不改就不会有进步，从而不会成功。

PPT出示以下标语：拒绝手机干扰，静心冲刺高考；将手机留在校外，将求知带进校园。

4. 如何合理安排学习时间

（1）主持：养成健康、正确的作息时间对身心都能起到促进作用。健康研究人员认为科学的作息时间是怎样的？对比一下我们有哪些方面是不科学的呢？

PPT展示：据睡眠中心的研究人员发现，大部分人在每天醒来的一两个小时内，头脑是最清醒的。早晨9：00～11：00是安排最困难的工作、学习的最佳时间，是头脑最清醒、思路最清晰的时间段。这个时间段的短期记忆效果比较好，对于老师规划的重点可以在这个时候进行梳理、解析，可达到事半功倍的效果！千万不要把宝贵的时间用来看电影、逛淘宝。13：00~14：00这个时间段容易出现头昏的感觉，对此建议进行适量的午休，以消除疲劳，让身体和精神都能得到短暂的放松。所以建议大家去睡一觉。逛淘宝、聊天并不能帮你缓解困意，反而会在停止后使人更加困倦，最好的休息方式当然还是小睡一会儿。17：00~19：00，这个时候锻炼身体，是一天中运动的最佳时期。22：30上床睡觉，为了保证充足的睡眠和身体各个系统得到休息，是时候该睡觉了。试图颠倒生物钟的作息，会为身体留下抹不掉的痕迹，35岁之后你会明白什么叫"病找人"。

（2）主持：相信同学们都有所反思了吧！适当地调整一下你的作息时间吧！然而，我们好些同学时间观念比较差，却不知道在课余时间、在家里，哪个时间段该干什么。比如说背东西，压根不知道从哪科开始背，哪个时间段背最有效果……那么，怎样才是合理的时间安排表呢？下面让我们来看看北大学霸的时间表吧。

PPT出示：（熊伟，北京大学环境学院，毕业于北京101中学）

6：00　起床

6：20~7：00　背英语或语文

早餐

8：00~11：40　上课

11：40~12：00　梳理上午4节课学到的知识

午餐

12：30~14：00　看30分钟的课外书，午休片刻

14：00~17：00　上课

晚餐

18：00~22：00　自习

这张作息时间表是他高中三年学习休息安排的基本准则，周一到周五执行；周六晚上、周日上午休息，其余时间学习。

（3）主持：同学们，你发现他的作息表有什么特别之处吗？

（同学答略）

主持：是的，他在早读之前，安排了自己要复习背诵的语文或英语任务；在中午午饭前，简单梳理回顾上午所学的知识；中午看一会儿课外书，然后午

休；晚餐后就抓紧时间学习了。周末大多数时间也在学习，但也做到了劳逸结合。我们也可以和刚才看的班里学霸的时间安排比较，它们是相近的。

5. 指导制作合理时间表，实现"弯道超越"

主持：怎样合理安排时间，让青春的年轮更圆满？如何实现"弯道超越"？下面有请班主任来给我们一些建议。

老师：刚才我们一起分析了规划时间的重要性和科学性。的确，有部分同学的时间安排是不很合理。针对理科班来说，除了完成作业外，我们还可以根据课表来做好自我巩固、归纳的安排。我们不能偏科，知识是综合性的，要分配好各科的学习时间。

PPT出示表格，例如：周一第九节课是英语小测试，6：30～7：00可以趁热打铁给英语查缺补漏，鉴于第二天周二下午有数学小测试，晚上就要安排一段时间复习数学，周二因没有生物课，晚上要安排一段时间进行复习及预习生物……总之，每天尽量涵盖6科的知识复习和预习。

每天都要涵盖6科的知识复习				
周一	周二	周三	周四	周五
英语	数学（8、9节）	语文（8节）（跑步）	物理	跑步
英语	语文	生物（40分钟）	语文	化学（40分钟）
化学　生物　英语　数学　语文　数学　英语　物理　化学　生物				

一般地，一个完整的时间安排应包括：

①时间：什么时间和多长时间。

②内容：做什么、学什么。

③要求：做多少、学到什么程度。

至于做练习，要做到先复习再做题，更正错题，做好思路分析；而查缺补漏方面，要做好错题本的记录，分析整份试卷的得分点及失分点。同学们今天晚上就可以给自己量身定制一个作息表，然后一直坚持下去，实现"弯道超越"，成功肯定就在前面不远处。明天我们分享一些优秀的时间表。

老师给每位学生发放时间安排表：

我拼搏、充实的每一天

时段	6:00	7:00	12:00	13:00	17:00	18:00	19:00	20:00	21:00	22:00	23:00
星期一											
星期二											
星期三											
星期四											
星期五											
星期六											
星期日											

当然，我们还可以请周围的同学做个监督，互相提醒，做好自律，像大雁一样，为了共同的目标，互助共赢！

6. 教师总结

做任何事情都应该有计划，面对学习时间的安排也是如此，所以合理、有效地安排时间是非常重要的。对于时间我们别无他法，唯有珍惜，持之以恒，才不负芳华！

一起来听听这首中金宏业的说唱《珍惜时间》："不要把希望总寄托明天，因为明天瞬间就是今天；不要让懒惰偷走了当天，因为今天即将成为永远。不要等到失去后再抱怨。成功之人总是抓紧时间，每时每刻是最美的怀念。珍惜时间一路向前！"

高二年级精彩案例

夏天不摘秋天果

——高二学生青春期性教育

【活动背景】

青春期性的生理发育，伴随着心理和行为上的显著变化。最突出的表现是对异性产生一种难以消除的兴趣，一种爱恋、思慕、亲近的情感。不过，这种情感通常并不是指向任何一个异性，而是更容易受自己感到满意的同龄人的吸引，有时还会出现性欲冲动。此时，正处于高二阶段的学生心理还不成熟，容易发生不理智的性行为，产生无法承受的后果。"堵不如疏，疏不如引"。由此，开展性教育活动，帮助青少年树立正确的恋爱观，向学生传播健康的性知识。

【活动目标】

1. 知识与技能

认识青春期对认可的异性发生微妙心理变化是正常且普遍的；了解青春期性行为的危害；明确异性交往的界限。

2. 过程与方法

消除青春期对认可异性心理变化的罪恶感；感受性行为后果带来的痛苦；在性行为方面理智、冷静、不冲动。

3. 情感、态度与价值观

可以正确处理青春期的情感变化；可以正确地拒绝性要求。

【活动对象】

高二年级学生。

【活动形式】

小视频、图片、活动体验、情景设置。

【活动准备】

小视频、图片、纸片。

【活动过程】

教学环节	教师活动	学生活动	设计意图
1. 暖场引入	（1）分发给每名学生人形轮廓形状的纸片； （2）一分钟后收集同学们名的纸片。争取同学们的同意后，抽取其中5份纸片，分别抄写在黑板上已画好的男生、女生轮廓图形中。 总结：人类的本能是追求美好的事物、向往美好，对有美好品质的人产生好感是我们人的共性	（1）同学们匿名在纸片上写出自己欣赏的异性的3个特点； （2）同学总结大家欣赏人物的共同特点。 （善良、活泼、可爱、大方、温柔、有责任心、勇敢、真诚、讲义气、幽默……）	通过活动的方式，从个人到群体层层推进，让学生产生共鸣；对有美好品质的异性产生好感是青春期的萌动，是正常的生理现象

教学环节	教师活动	学生活动	设计意图
2.观察认识	设置情景：将同学们写的特点拟化成人物：李明、韩梅梅。 假如李明或韩梅梅是你的同桌，经过一段时间的相处，你收到了一封来自他（她）的告白情书。 组织学生思考讨论以下两个问题。 ①你的选择是yes or no？ ②作出这种选择的原因是什么？ 总结：我们要正确处理青春期的情感，进行健康、适度而又充分的交往。学会欣赏异性同学的优点，互相学习，取长补短，改变自己、完善自己	（1）小组讨论； （2）汇报结果： No：早恋会影响学业；会给自己造成严重的心理伤害；影响自己学习的情绪。应该把握这美好时光多学一些知识和技术，不断丰富和完善自己，这才是明智的。 Yes：早恋让自己在成绩上互相追赶，成绩上升；向优秀的对方看齐，使得一些原本不良的性格和习惯得到改正	从中学生普遍的告白情景切入，通过引导学生对yes or no的讨论、思考，让学生能够正确地看待青春期的情感，避免早恋
	设置情景：如果你选择在一起（yes）之后，李明或韩梅梅对你进行性暗示，你的选择是yes or no？ ［同时展示校园男女生（马赛克）牵手、拥抱、亲密接触的图片］ 总结：青春期的少年在神经和激素的调控下，必然出现对异性的渴望和需求。此阶段的爱恋又有一个最大的特点：性的冲动胜过理智，幼稚的行为大于成熟的思考	学生通过匿名投票的方式给出答案	承接上一个情景，通过身边的图片，自然引入早恋中性行为这个话题；通过匿名投票的方式来了解学情；从科学的角度解释性冲动
3.体验升华	（1）播放视频《社会现象：柴静专访未成年少女堕胎》 （2）组织学生小组讨论：可能会产生什么后果？大家有什么感想？ （3）播放视频《花季的红线》，明确青春期男女如何健康交往及界限。 提醒：在性爱方面，男同学要学会自制、尊重对方；女同学要学会自爱自重、避免过分热情的举止	（1）观看视频； （2）讨论可能产生的后果：①感染疾病，身体垮掉；②逆反、抵触情绪滋生，思想向极端倾斜；③他人的评论与目光，给自己施加更大压力； （3）表态度：对青春期性行为说"不"； （4）观看视频	（1）通过视频的方式直接生动地展示性行为的后果； （2）通过小组讨论、总结，让学生深刻了解到青春期性行为的危害； （3）在学生感受性行为带来的痛苦后，通过视频再次从认识上明确与异性交往的界限；

续 表

教学环节	教师活动	学生活动	设计意图
3.体验升华			（4）从态度上更进一步领悟到：对青春期性行为说"不"。
4.巩固拓展	（1）展示拒绝三原则： ①语气坚决不摇摆。 ②态度坚定不移志。 ③灵活交流要自信。 （2）提供5个情景，组织学生讨论、模拟，学会如何对青春性行为说"不"。 ①"太晚了，别回家了。" ②"反正我们都要结婚的，没事的。" ③"如果你不答应，就说明你还不够爱我。" ④"我爱你，我才会要求你这样。" ⑤"就一次，我会对你负责的。" （3）展示获得性知识的途径：书籍、网络、杂志、家长、老师	同学补充拒绝秘诀；小组讨论，情景演练：如何拒绝? （5个情景）	（1）给学生明确的实践指导； （2）通过具体情景模拟练习，巩固所学内容； （3）通过提供给学生了解性知识的正确途径，打破课堂的局限性、延展课堂广度，让学生可以了解更多的性知识从而保护自己

高三年级精彩案例

调整状态，赢在高考

——高三学生考前指导主题班会

【教学分析】

1. 时间节点分析

高三下学期由模拟考试分为几个不同的阶段，每个阶段去备考高考有不同的作用。学生在不同阶段也常常会有不同的心理变化。此次班会是在学生经历了一模（3月中）、二模（4月中）、三模（5月中）之后，距离高考还有约20天的时间进行的。

2. 学情分析

教学对象是高三备考高考的学生。在经历了近一年的努力，三模后和高考前，学生的知识积累已基本成型，解题技巧也基本掌握，此时身心状态往往成为左右最终结果的未知因素。而此时，在心态上，学生容易产生偏差，走极端，比如：不想再复习了，恨不得马上就考完算了；或者另一个极端，不敢面对高考，感觉还没准备好，希望能够再来一轮复习的心理。

3. 社会实际分析

高考是一个个考生参加的，但是背后是一个个家庭，也是社会关注的焦点。到了这个时间节点，从学生到家长再到社会，都在无形中会对学生的备考心态产生一定的影响。

【课时教学目标】

（1）了解最后阶段学校的时间安排。

（2）肯定积极备考的心态，点出容易出现的问题。

（3）让学生掌握这个阶段自我调整的能力，以阳光的心态直面高考。

【教学重难点】

直面考试，掌握自我调节身心的能力。

【教学方法】

1. 互动教学法

课前让学生写下自己最近的"状态"。

2. 视频教学法

播放运动员备战奥运的视频，从中学习积极的备考心态。

【教学手段】

音乐、视频和PPT多媒体教学，板书辅助教学。

【教学过程】

教学环节	教学活动创设	学生活动	设计意图
1.暖场引入	课前播放音乐《破晓》	听歌，感悟歌词	播放舒缓的音乐，感悟歌词正能量，为"平常心"和"信心"作铺垫

续 表

教学环节	教学活动创设	学生活动	设计意图
2.日程展示	展示学校在最后20天的教学安排	做笔记	明确最后阶段的教学安排，也给学生一个心理暗示，跟着学校一步一步走就可以了
3.问题引入	说说我们的"状态"。 课前每人写一个小便签，记录自己在"三模"后的状态。 选取比较普遍地进行展示。比如： 依然感觉累和困。 最近比较烦躁，容易被点燃。 什么时候才没有作业啊。 怎么还那么多测验啊。 什么时候开始放假自学啊。 不想再练了。 还是有很多不懂呀。 …… ……	分享自己或者朋友的心态	直面问题，也让学生发现，这些问题大家都会有的
4.分析问题	从心理学分析这些心态。说明在这个阶段产生这种心理是很正常的。临近高考，容易走极端，要么想快点结束，要么觉得还没准备好，想再复习一轮。怎么办？ 把心态调回中间——平常心	讨论并感悟	给学生释放压力，告诉学生此时容易产生这些心理，也是正常的。明白可调整，应调整
5.如何调整（1）	观看视频——奥运开赛前，跳高运动员张国伟的备战采访。 带着问题观看视频：张国伟的采访中，哪一个段落或者哪一个观点让你印象深刻？（及时记录到笔记本）	观看视频并做好记录	类比高考与奥运会，同样的大赛在即，运动员会如何调整自己的心态
6.如何调整（2）	分享心得。 记录学生捕捉到的视频信息： "赛场上的夸张的庆祝动作"， "赛场下平日严格的训练和自律"， "2013年从巅峰跌落，再出发"， "希望在国际赛场证明黄种人"， 等等	分享自己的观后感，折射到自己的备考身上	学习运动员的积极心态。如果学生能够自己说出积极的备考心理就更好了

续 表

教学环节	教学活动创设	学生活动	设计意图
7. 如何调整（3）	从往年的备考经验给学生自己调整的小建议： 建议一：身体状态 （1）健康的饮食； （2）良好的作息（有节奏的学习）。 发现知识漏洞还不少，加班开夜车，感觉不错，但白天精神状态不佳，不利于高考生物钟，且免疫力迅速下降； （3）适度安全地运动。 建议二：心理状态 （1）平和的心情 ①不过于疯癫，也不过于悲观、急躁； ②静得下心，沉得住气，稳得住脚，赢在高考； （高考前最好的心态就是，你感觉前两天还在上课，然后突然说有一个测验练习卷发下来，开始做练习……） （2）良好的竞技状态（考试的感觉） ①时间的把握； ②遇到难题时的心理； ③太想考好某科或者太怕某科拉分； ④非知识性的、愚蠢的低级失误 （高考中极少有所谓的超常发挥，正常发挥就已经是超常发挥了） 建议三：知识能力状态 客观的事实： 题目是永远都做不完的！ 知识点是无法掌握到十全十美的！ 高考中总有些分是你拿不到的！ 启示1：题目勿多，建议多回头； 启示2：题目勿偏勿纠结，回归基础；	先听懂，再记录	结合往年的备考经验，从身体、心态和知识技能，以及应考技巧给学生建议。 明确：调状态比抢时间更重要

教学环节	教学活动创设	学生活动	设计意图
7. 如何 调整 （3）	启示3：背书勿只顾埋头，温温书也要保持题感； 启示4：勿盲从，保持自己的学习节奏； 启示5：方向在老师那里，多点沟通，形成合力		
8. 一路同行，赢在高考	展示高三以来的班级活动影相瞬间，凝神聚力，赢在高考	观看影像和图片	情感调节，让学生明白自己并不是孤军奋战。树立信心，相信奋斗的力量，高考时肯定是你的最佳状态

第五节　雁心悦人——着力培育学生的健康竞争心理

　　无论在学习上还是生活方面，处于中学阶段的青少年身心上都受到很大压力，如果不能及时将压力排解，中学生身体健康和心理健康都会受到威胁，严重时，还有可能成为抑郁症患者。所以，中学班主任应加强对学生的关心，尤其是心理方面，并与学生做好心理沟通工作，能及时为学生排忧解难，使学生心理健全、健康。

　　学生出现心理问题的表现有多方面，班主任在日常生活中，要及时注意学生的情绪变化，及时找到引起学生心理问题的原因，并做好心理健康教育，最后使学生能放下心理负担。

一、正确认识竞争心理

（一）竞争的概念

　　竞争是生物进化的普遍规律，是进步与发展的动力，是群体活力的源泉，特别是在改革开放、竞争日益激烈的今天，青少年学生是否具有竞争意识和竞争能力将决定他们以后能否立足于社会，以及对社会贡献的大小。从目前的教育现状看，班级竞争都不同程度地存在着，在竞争过程中，必须关注竞争给学生带来的心理问题，引导学生正确面对竞争，才能实现竞争的意义，培养学生的竞争能力和合作能力。

　　竞争就是一个比较的过程，学校的竞争通常有班级和班级之间的竞争、班级内个人与个人之间的竞争。在心理学上，一般认为竞争是一种人格倾向，竞争心理是个体在竞争的认知、态度、策略、动机等方面表现出来的比较稳定的心理倾向。一个人的交往方式、习惯、生活方式及心理健康等都受到个体竞争心理的影响。

（二）学生竞争心理结构

王天阳研究了中学生竞争心理，提出中学生竞争心理是一个多维变量，包括个人发展竞争、群体地位竞争、过度竞争和内化压力竞争4个维度，并编制了中学生竞争心理问卷。

中学生心理调查问卷（一）

亲爱的同学们：

你们好！

这是一份帮你实现人生梦想的问卷，请按照自己的想法填写，这可不是考试哦！问卷只用于统计问题，我们将对各位的答案绝对保密，请放心作答。谢谢！（注：学校、班级、性别必须填写，姓名可不写；总共22道选择题，每一道只能选择一个答案。）

学校： 班级： 性别：

除特殊说明外，题目均为单选题。

1. 你感到学习压力的程度是：（   ）

A. 很轻   B. 轻   C. 一般

D. 较大   E. 很大

2. 你觉得学习压力的来源是：［可多选］（   ）

A. 父母   B. 老师   C. 同伴竞争

D. 社会就业   E. 其他

3. 除了学习，你是否有其他课余活动：（   ）

A. 很多   B. 多   C. 有一些

D. 很少   E. 几乎没有

4. 你目前存在的心理问题是：（   ）

A. 与父母师生关系紧张   B. 同学间关系紧张

C. 青春期问题   D. 差生问题

5. 你对师生关系的满意程度是：（   ）

A. 很满意   B. 满意   C. 一般

D. 不满意   E. 较差   F. 很差

6. 你对同学关系的满意程度是：（　　　）

　　A. 很满意　　　　　B. 满意　　　　　C. 一般

　　D. 不满意　　　　　E. 较差　　　　　F. 很差

7. 你对父母亲近的程度是：（　　　）

　　A. 很亲近　　　　　B. 较亲近　　　　C. 一般

　　D. 不亲近　　　　　E. 敌意

8. 你心里有烦恼时主要向谁说：［可多选］（　　　）

　　A. 父母　　　　　　B. 同学　　　　　C. 朋友

　　D. 老师　　　　　　E. 网友　　　　　F. 不说

9. 你课余时间爱做的事是：［可多选］（　　　）

　　A. 教室看书　　　　B. 操场打球　　　C. 室外散步

　　D. 找同学玩　　　　E. 自己静静地待着

10. 你不在学校的时间主要是：［可多选］（　　　）

　　A. 交友　　　　　　　　　　B. 上网、游戏

　　C. 帮父母做家务　　　　　　D. 运动

　　E. 看电影电视　　　　　　　F. 其他

11. 你在家自己独立炒菜做饭吗？（　　　）

　　A. 每天做　　　　　　　　　B. 经常做

　　C. 偶尔做　　　　　　　　　D. 从不做

12. 对你思想形成影响最大的人是：（　　　）

　　A. 父母或抚养人

　　B. 老师

　　C. 同辈群体（朋友、同学、兄弟姐妹等）

　　D. 名人、伟人

13. 你认为目前影响你学业的最大因素是？（　　　）

　　A. 学习方法　　　　　　　　B. 情绪

　　C. 教师的授课水平　　　　　D. 学校的学习环境

14. 你认为影响你情绪的最大因素是：（　　　）

　　A. 人际关系　　　　　　　　B. 学习成绩

　　C. 家庭困扰　　　　　　　　D. 学校管理制度

15.你认为自己的家中氛围是：（　　）

　　A. 较融洽　　　　　　　　　　B. 幸福

　　C. 一般　　　　　　　　　　　D. 较不融洽

16.父母对你关心的方面是：（　　）

　　A. 只关心学习和分数

　　B. 关心学习也关心交友、课外爱好等

　　C. 更关心交友、课外爱好，其次关心学习

　　D. 什么都不关心

17.父母对你考试成绩变差时作出的反应是：（　　）

　　A. 安慰

　　B. 安慰并帮你分析原因、找对策

　　C. 一味指责、埋怨

　　D. 埋怨并分析原因、找对策

18.你觉得在学习生活上最大的不适应是：（　　）

　　A. 缺乏约束力，自制力不够

　　B. 朋友关系的"瓶颈"

　　C. 缺乏自理能力

　　D. 其他

19.总是莫名其妙地感到烦躁，情绪低落，浑身无力（　　）

　　A. 经常　　　　　B. 偶尔　　　　　C. 从来没有

20.如果在学习过程中出现学习效率低下的情况，你会觉得心烦气躁吗？
（　　）

　　A. 经常会　　　　　B. 偶尔会　　　　　C. 从来不会

21.如果你的好朋友得到奖励而你没有，你会不会觉得非常气愤甚至嫉妒他
（她）？（　　）

　　A. 经常会　　　　　B. 偶尔会　　　　　C. 从来不会

22.考试前你总会心情紧张吗？（　　）

　　A. 总是　　　　　B. 有时　　　　　C. 特别是在考前

　　D. 偶尔　　　　　E. 从不

23.你最痛恨的社会丑恶现象是：（　　）

    A.腐败　　　　　　B.损公肥私　　　　C.损人利己

    D.制假造假　　　　E.违法犯罪

24.导致你的心理压力的最主要的原因是（　　）

    A.学习压力　　　　　　　　　　B.家庭和老师的期望

    C.自己成才的期望　　　　　　　D.朋友关系不和谐

    E.其他_____

25.你在遇到挫折的时候依赖朋友吗？（　　）

    A.不是，独自面对

    B.会听朋友意见，但以自己为主

    C.偶尔会

    D.完全是

26.你是否受过很大挫折？你能面对吗？（　　）

    A.受过。在心理上留下了阴影

    B.受过。能承受，没问题

    C.没受过。但应该能承受

    D.没受过。不知道自己能否承受

27.对于有些学生自杀的行为，你认为：（　　）

    A.是一种解脱

    B.太可怜了，活下去比什么都重要

    C.不孝，父母白养了这么多年

    D.这种人早死早好，以免危害社会

28.当发现自己存在心理问题时，你会（　　）

    A.找心理咨询师咨询　　　　　　B.向同学倾诉

    C.向父母说　　　　　　　　　　D.向老师咨询

    E.自己解决

29.你是否参加过青少年心理专业辅导？（　　）

    A.经常　　　　　B.有时　　　　　C.偶尔　　　　　D.从不

30.如果有机会，你愿意参加这种培养综合能力的训练吗？（　　）

    A.很愿意参加　　　B.无所谓　　　C.不愿意参加

中学生心理健康调查问卷（二）

说明：为了全面、客观、公正地了解我们普通中学生的心理健康状况，并进行分析，以改进教育教学方法，提高质量，我们特制定了如下调查问卷。请同学们根据自己的真实想法认真填写，你的信息将对我们的研究具有十分重要的参考价值，望你给予配合，谢谢你的参与！

本问卷只做研究之用，有关内容绝对保密，不会给你带来任何影响。请你认真、如实填写。

年级：　　　　　年龄：　　　　　性别：

1. 你自信吗？（　　　）

    A. 非常自信　　　　B. 自信　　　　　C. 有时不太自信

    D. 不自信　　　　　E. 常常感到自卑

2. 你认为自己是一个有价值的人，至少和同龄人不相上下吗？（　　　）

    A. 比一般人更有价值　　　　　　B. 当然

    C. 好像总觉得没有别人能干　　　D. 没什么价值

3. 如果你能改变自己，你最希望改变的是什么？（　　　）

    A. 知识　　　　　B. 出身　　　　　C. 财富

    D. 性格　　　　　E. 外貌

4. 上中学后，你觉得你最大的挫折是什么？（　　　）

    A. 成绩不理想　　　　　　　B. 恋爱失败

    C. 不适应宿舍生活　　　　　D. 经济困难

    E. 好朋友对自己的背弃　　　F. 家里不支持自己的学业

    G. 家庭变故　　　　　　　　H. 其他_____

5. 你每个月的生活费够用吗？（　　　）

    A. 有剩余　　　　　　　　　B. 基本够用

    C. 不太够用　　　　　　　　D. 经常负债

6. 你业余时间主要做些什么？（　　　）

    A. 阅读课外书籍　　　　　　B. 体育运动

    C. 帮家里干活　　　　　　　D. 娱乐玩耍

7. 你是否认为自己经常不被关心？（　　　）

    A. 是　　　　　　　　　　　　　B. 不是

8. 我是否觉得大多数人都不可信任？（　　　）

    A. 无　　　　　　B. 偶尔　　　　　C. 有时

    D. 经常　　　　　E. 总是

9. 你觉得老师或同学歧视你吗？（　　　）

    A. 常常　　　　　　B. 很少　　　　　C. 没有

10. 你最不喜欢老师的哪一种做法？（　　　）

    A. 找家长　　　　　B. 当众批评　　　　C. 罚站

11. 你总会因为别的同学穿得比自己好而感到不舒服吗？（　　　）

    A. 是　　　　　　　　　　　　　B. 不是

12. 你是否觉得家里的环境会干扰你的学习、生活？（　　　）

    A. 是　　　　　　　　　　　　　B. 不是

13. 你是否希望在班级中当干部？（　　　）

    A. 非常希望　　　　B. 希望　　　　　C. 无所谓

14. 你学习成绩不够理想的原因是（　　　）

    A. 自己努力不够　　　　　　　B. 学习环境不够好

    C. 老师讲课不好　　　　　　　D. 自己的学习方法不对

15. 上课时，你能否集中注意力地学习？（　　　）

    A. 能　　　　　　B. 有时能　　　　C. 不能

16. 遇到困难或烦恼时，你会（　　　）

    A. 在心里憋着　　　　　　　　B. 向同学诉说

    C. 告诉老师　　　　　　　　　D. 向父母诉说

17. 父母最关心你的（　　　）

    A. 学习成绩　　　　B. 身体健康　　　C. 情绪变化

18. 你会感到苦闷吗？（　　　）

    A. 无　　　　　　B. 偶尔　　　　　C. 有时

    D. 经常　　　　　E. 总是

19. 你是否对现在的学校生活感到不适应？（　　　）

    A. 无　　　　　　B. 偶尔　　　　　C. 有时

D. 经常　　　　　　　E. 总是

20. 你会感到学习负担很重吗？（　　　）

　　A. 无　　　　　　　B. 偶尔　　　　　　C. 有时

　　D. 经常　　　　　　E. 总是

21. 你是否有自杀的念头？（　　　）

　　A. 无　　　　　　　B. 偶尔　　　　　　C. 有时

　　D. 经常　　　　　　E. 总是

22. 你对父母时而亲热，时而冷淡？（　　　）

　　A. 无　　　　　　　B. 偶尔　　　　　　C. 有时

　　D. 经常　　　　　　E. 总是

23. 你愿意按时完成老师布置的作业吗？（　　　）

　　A. 无　　　　　　　B. 偶尔　　　　　　C. 有时

　　D. 经常　　　　　　E. 总是

24. 你是否经常讨厌上学？（　　　）

　　A. 无　　　　　　　B. 偶尔　　　　　　C. 有时

　　D. 经常　　　　　　E. 总是

25. 你是否经常讨厌考试？（　　　）

　　A. 无　　　　　　　　　　　　B. 偶尔

　　C. 经常　　　　　　　　　　　D. 总是

26. 你是否感觉同学考试成绩虽然比你高，但能力并不比你强？（　　　）

　　A. 无　　　　　　　　　　　　B. 偶尔

　　C. 经常　　　　　　　　　　　D. 总是

27. 同学考试成绩比你高时，你会感到难过？（　　　）

　　A. 无　　　　　　　　　　　　B. 偶尔

　　C. 经常　　　　　　　　　　　D. 总是

28. 你认为自己需要心理教师的帮助吗？（　　　）

　　A. 无所谓　　　　　　　　　　B. 一点点

　　C. 很需要　　　　　　　　　　D. 我的心理健康，不需要

29. 你有信心改变自己的缺点吗？（　　　）

　　A. 无　　　　　　　B. 一点点　　　　　C. 很有信心

中学生心理健康调查问卷（三）

班级：　　　　　年龄：　　　　　性别：

1. 你觉得自己自信吗？（　　　）

　　A. 非常自信　　　B. 自信　　　　　C. 有时不太自信

　　D. 不自信　　　　E. 常常感到自卑

2. 你认为自己是一个有价值的人，至少和同龄人不相上下吗？（　　　）

　　A. 比一般人更有价值　　　　　B. 当然

　　C. 好像总觉得没有别人能干　　D. 没什么价值

3. 你对自己的外貌满意吗？（　　　）

　　A. 非常满意　　　B. 一般　　　　　C. 不太满意

　　D. 很不满意　　　E. 感到自卑

4. 你觉得自己的前途乐观吗？（　　　）

　　A. 是　　　　　　　　　　　　B. 不是

5. 如果能改变自己，你最希望改变的是什么？（　　　）

　　A. 知识　　　　　B. 出身　　　　　C. 财富

　　D. 性格　　　　　E. 外貌

6. 上中学后，你觉得自己经历的最大的挫折是什么？（　　　）

　　A. 成绩不理想　　　　　　　　B. 恋爱失败

　　C. 不适应宿舍生活　　　　　　D. 经济困难

　　E. 好朋友对自己的背弃　　　　F. 家里不支持自己的学业

　　G. 家庭变故　　　　　　　　　H. 其他＿＿＿＿＿＿

7. 你每个月的生活费够用吗？（　　　）

　　A. 有剩余　　　　　　　　　　B. 基本够用

　　C. 不太够用　　　　　　　　　D. 经常负债

8. 你的生活费中最大的支出在哪两个方面？（　　　）

　　A. 学习方面　　　B. 穿着方面　　　C. 娱乐方面

　　D. 恋爱方面　　　E. 饮食方面　　　F. 其他

9. 对于自己所花的钱，你都会详细记账吗？（　　　）

　　A. 会　　　　　　　　　　　　B. 不会

10.你业余时间主要做些什么?( )

    A. 阅读课外书籍　　　　　　　　B. 体育运动

    C. 帮家里干活　　　　　　　　　D. 娱乐玩耍

11.你是否经常和周围的人发生矛盾?( )

    A. 是　　　　　　　　　　　　　B. 不是

12.你有过想伤害他人或打人的冲动吗?( )

    A. 无　　　　　B. 偶尔　　　　C. 有时

    D. 经常　　　　E. 总是

13.你是否和陌生人见面时会感到不自然?( )

    A. 会　　　　　　　　　　　　　B. 不会

14.你是否认为自己经常不被关心?( )

    A. 是　　　　　　　　　　　　　B. 不是

15.你是否觉得别人想占自己的便宜?( )

    A. 无　　　　　B. 偶尔　　　　C. 有时

    D. 经常　　　　E. 总是

16.在生活中,你是否能发现许多愉快的事?( )

    A. 是　　　　　　　　　　　　　B. 不是

17.同异性在一起你会感觉到害羞吗?( )

    A. 会　　　　　　　　　　　　　B. 不会

18.会感到有人在背后议论你吗?( )

    A. 无　　　　　B. 偶尔　　　　C. 有时

    D. 经常　　　　E. 总是

19.你总觉得别人在跟你作对吗?( )

    A. 无　　　　　B. 偶尔　　　　C. 有时

    D. 经常　　　　E. 总是

20.你是否时常会与人争论?( )

    A. 无　　　　　B. 偶尔　　　　C. 有时

    D. 经常　　　　E. 总是

21.你是否觉得大多数人都不可信任?( )

    A. 无　　　　　B. 偶尔　　　　C. 有时

D. 经常　　　　　　　E. 总是

22. 你感到老师或同学歧视你吗？（　　　）

　　A. 常常感到　　　　　B. 很少感到　　　　C. 没有感到

23. 你最不喜欢老师的哪一种做法？（　　　）

　　A. 找家长　　　　　　B. 当众批评　　　　C. 罚站

24. 你适应老师的教学方法吗？（　　　）

　　A. 无　　　　　　　　B. 偶尔　　　　　　C. 有时

　　D. 经常　　　　　　　E. 总是

25. 如果老师让家长在试卷上签字，你会感到（　　　）

　　A. 高兴　　　　　　　B. 害怕　　　　　　C. 讨厌

26. 如果同学穿得比你好，你会感到不舒服吗？（　　　）

　　A. 会　　　　　　　　　　　　　　B. 不会

27. 上课时，总是担心老师提问你吗？（　　　）

　　A. 是　　　　　　　　　　　　　　B. 不是

28. 你总是想发脾气而且控制不住自己吗？（　　　）

　　A. 是　　　　　　　　　　　　　　B. 不是

29. 你是否觉得家里的环境干扰自己的学习、生活？（　　　）

　　A. 是　　　　　　　　　　　　　　B. 不是

30. 你是否希望在班级中当干部？（　　　）

　　A. 非常希望　　　　　B. 希望　　　　　　C. 无所谓

31. 你能按计划学习吗？（　　　）

　　A. 能　　　　　　　　B. 有时能　　　　　C. 不能

32. 你学习成绩不够理想的原因是（　　　）

　　A. 自己努力不够　　　　　　　　B. 学习环境不够好

　　C. 老师讲课不好　　　　　　　　D. 自己的学习方法不对

33. 上课时，你能否集中注意力学习？（　　　）

　　A. 能　　　　　　　　B. 有时能　　　　　C. 不能

34. 你是否能主动参加班级的各种活动？（　　　）

　　A. 能　　　　　　　　B. 有时　　　　　　C. 不能

35.遇到困难或烦恼时，你会（　　　）

  A.在心里憋着   B.向同学诉说

  C.告诉老师   D.向父母诉说

36.你父母最关心你的（　　　）

  A.学习成绩   B.身体健康   C.情绪变化

37.你做作业时是否必须反复检查吗（　　　）

  A.无   B.偶尔   C.有时

  D.经常   E.总是

38.你感到苦闷吗？（　　　）

  A.无   B.偶尔   C.有时

  D.经常   E.总是

39.你感到紧张或容易紧张吗？（　　　）

  A.无   B.偶尔   C.有时

  D.经常   E.总是

40.你的学习劲头会时高时低吗？（　　　）

  A.无   B.偶尔   C.有时

  D.经常   E.总是

41.你对现在的学校生活感到不适应吗？（　　　）

  A.无   B.偶尔   C.有时

  D.经常   E.总是

42.你看不惯现在的社会风气吗？（　　　）

  A.无   B.偶尔   C.有时

  D.经常   E.总是

43.你是否容易哭泣？（　　　）

  A.无   B.偶尔   C.有时

  D.经常   E.总是

44.你是否经常责怪自己？（　　　）

  A.无   B.偶尔   C.有时

  D.经常   E.总是

45.你感到学习负担很重吗？（　　　）

    A.无   B.偶尔   C.有时

    D.经常   E.总是

46.你会无缘无故地突然感到害怕吗？（　　　）

    A.无   B.偶尔   C.有时

    D.经常   E.总是

中学生心理问卷调查（四）

年级：　　　　　　性别：　　　　　　年龄：

    下面这个问卷是为了了解中学生的学习、心理等方面，请大家按实际情况认真填写，从各选项中选择一个答案，将其填在每个题目后面的括号里。

1. 进入高中后，你对紧张的学习生活是否会感到不太适应？（　　　）

    A.从来没有   B.有时   C.总是如此

2. 你现在的学习压力（　　　）

    A.过大   B.过小   C.还可以

3. 对目前的学习任务，你是否已经感到力不从心？（　　　）

    A.是   B.有时觉得   C.从没有

4. 目前你的压力主要来自（　　　）

    A.老师的期望   B.家庭的期望   C.自己的期望

5. 一般情况下，你会如何缓解自己的压力？（　　　）

    A.与别人面对面交谈   B.电话

    C.书信   D.网络

6. 你认为高中与初中的联系大吗？（　　　）

    A.有很大联系   B.基本没联系   C.没想过

7. 如果别人不督促你，你是否会主动学习？（　　　）

    A.会   B.极少   C.不会

8. 你能长时间做一件重要但枯燥无味的事情吗？（　　　）

    A.能   B.偶尔可以   C.不能

9. 你认为高中与初中的学习方法（　　　）

    A.相同   B.不同   C.没想过

10.一次考试失利，对你会有怎样的影响？（　　　）

　　A.情绪波动很大　　　　　　　　B.和以前一样

　　C.更加努力　　　　　　　　　　D.认为自己很无能

11.除了老师指定的作业外，你会（　　　）

　　A.学习　　　　　　B.体育活动　　　C.上网

12.你是否经常想自己不用花太多时间成绩也会超过别人？（　　　）

　　A.经常　　　　　　B.偶尔　　　　　C.从不

13.你能独立完成老师布置的作业吗？（　　　）

　　A.完全可以　　　　　　　　　　B.只能完成某几门

　　C.只能选择性地完成每门部分作业

14.你是否总是感到别人没有充分认识自己，没有给自己足够的评价？
（　　　）

　　A.是　　　　　　　B.没想过　　　　C.从没有

15.你常为短时间内成绩没有提高而苦恼不已？（　　　）

　　A.总是　　　　　　B.有时　　　　　C.从不

16.为了及时完成某项作业，你会（　　　）

　　A.废寝忘食，通宵达旦　　　　　B.参考别人的作业

　　C.完全照抄别人的作业

17.你认为学习是（　　　）

　　A.乐趣　　　　　　　　　　　　B.不得不做的事

　　C.没有意义的事

18.在学习和娱乐发生冲突时，你会（　　　）

　　A.学习　　　　　　B.拿不定主意　　C.娱乐

19.为了把功课学好，你会放弃许多感兴趣的活动（　　　）

　　A.会　　　　　　　B.二者兼顾　　　C.不会

20.考上高中后，你觉得（　　　）

　　A.终于可以放松了　　　　　　　B.先休息一阵再学习

　　C.马上投入更紧张的学习

21.你认为高中的学习大多是（　　　）

　　A.记忆性学习　　　　　　　　　B.理解性学习

C. 理解记忆性学习

22. 你经常认为课本的基础知识（　　　）

　　A. 很重要　　　　　　　　　　　　B. 据老师安排而定

　　C. 没啥好学

23. 你认为怎样学习效果会好点？（　　　）

　　A. 共同学习　　　　　　　　　　　B. 孤军奋战

　　C. 没想过

24. 你为自己刚开始的高中生活（　　　）

　　A. 有详细的规划　　　　　　　　　B. 有大致的想法

　　C. 没想过，以后再说

25. 你在学习上的时间分配是怎样的？（　　　）

　　A. 对喜欢的科目下狠功夫　　　　　B. 平均分配

　　C. 对不喜欢的科目放任自流

26. 空闲的时候一般你会（　　　）

　　A. 睡觉　　　　B. 聊天　　　　C. 上网　　　　D. 学习

27. 你给自己定的学习目标有困难可能做不到时，你会（　　　）

　　A. 继续努力　　　B. 缩小目标　　　C. 完全放弃

28. 你总是同时为实现几个学习目标而忙得焦头烂额？（　　　）

　　A. 会　　　　B. 有时　　　　C. 不会

29. 为了实现一个大目标，你会给自己制定循序渐进的小目标？（　　　）

　　A. 会　　　B. 有时会　　　C. 不会

30. 你是否有过很想学习，但总是无法集中精力学进去的时候？（　　　）

　　A. 经常　　　　B. 偶尔　　　　C. 从没有

31. 你是否总是莫名其妙地感到烦躁、情绪低落、浑身无力？（　　　）

　　A. 经常　　　　B. 偶尔　　　　C. 从没有

32. 当大家注视你时，你会（　　　）

　　A. 不好意思　　　B. 无所谓　　　C. 自豪

33. 对着镜子时，你注意的是自己的（　　　）

　　A. 优点　　　B. 缺点　　　C. 没想过

34.当别人和你意见不同时,你会( )

    A. 坚持己见   B. 聆听别人意见

    C. 无所谓

35.别人批评你时,你会( )

    A. 接受批评   B. 为自己辩解

    C. 不知所措

36.考完试后,你最关心的是( )

    A. 自己的成绩   B. 别人的成绩

    C. 无所谓

37.你的好友获奖了,你会感觉( )

    A. 和他一样高兴   B. 不舒服

    C. 与自己无关

38.你心目中的高中生活与现实中的( )

    A. 差别很大   B. 基本一致   C. 没想过

39.上网时你一般会( )

    A. 聊天   B. 找资料   C. 打游戏

40.假如你遇到不顺心的事,你通常会向谁倾诉?( )

    A. 家长   B. 老师

    C. 朋友   D. 其他(网友或心理医生)

41.若开设了心理咨询点,你是否会去咨询?( )

    A. 会   B. 不会

    C. 不知道   D. 其他(看情况)

42.如果你愿意去咨询,你希望用什么方式?( )

    A. 面对面交谈   B. 电话   C. 书信

    D. 网络   E. 随便

43.如果有考前心理辅导,你希望的形式是( )

    A. 讲座   B. 个别辅导   C. 团体辅导

44.如果有一场考前心理讲座,你希望的内容是( )

    A. 情绪调节   B. 学习方法

    C. 其他(请填写)_____

45.开放性题目：你认为目前最需要解决的问题是什么？

_____

_____

_____

（三）竞争对个体心理的影响

在竞争中，人的潜能能够得到最大限度的发挥，它能给人们带来自尊和自我实现需要的满足。在竞争的激励中，大脑皮层神经处于一种最适宜的优势状态，使心理活动保持在一定的紧张和高度集中的兴奋状态，这时人们注意力集中、思维活跃、反应敏锐，活动效率大大提高。竞争是一个人的人格倾向，竞争的强弱对个体的交往、习惯、身心健康都有重要影响。

身心健康分为身体健康、心理健康、健康的生活方式和安全素养四个方面。

身体健康记录表

体检机能指标（可粘贴）							
体重	身高	体重指数（BMI）	胸围	视力	血色素	肺活量	血压

医生签名：

运动技能指标（可粘贴）					
项目	50米跑	坐位体前屈	立定跳远	男生引体向上/女生仰卧起坐	中长跑（男生1000米/女生800米）
成绩					
得分					
等级					

教师签名：

运动成绩			
项目	主办/颁发单位	时间	名次或等级
参加体育比赛项目			
个人体育特长项目			

心理健康领域记录表

项　目	内　容
1.自我认知：用几句话来描述一下自己，可以从自己的性格、兴趣、能力、价值观等方面来写	
2.人际关系：请结合本学期个人人际关系（包括亲子关系、师生关系、同伴关系）的经历来分析自己的人际交往风格及表现	
3.青春期与异性交往：你对青春期的感受是什么？与异性交往是否轻松自如？	
4.心理健康与心理调适：你采用何种方法来进行自我调节？请描述本学期你印象最深的一次成功调节心态的经历	

健康生活方式记录表

项　目	内　容
1.生活起居方式：起居是否规律?是否能保证每日9小时的睡眠时间和睡眠质量等	
2.饮食习惯与营养搭配：三餐按时定量，荤素搭配合理，有营养搭配与营养补充意识	
3.运动习惯：包括能否上好体育课、至少掌握两项体育运动技能及确保每天锻炼1个小时等。记录下你个性化的锻炼方式，如每周的运动频次、时长与强度等	
4.健康的休闲方式：包括是否合理利用闲暇时间、选择积极的休闲方式（包括旅游、体育活动、文化活动等）、不沉迷于网络等成瘾活动	
5.安全素养：包括参加安全教育、应急演练、自救互救等方面技能	

身心健康写实记录表

主题	
身心健康写实记录	
教师评语	

竞争过低的个体为避免竞争，采取退缩、逃避等行为，适应不了激烈竞争的环境，容易产生悲观、厌世等心理问题。而竞争太强的个体因过于强势而咄咄逼人，会影响人际交往，甚至为取得竞争成功而不择手段、触犯法律，最终害人害己。在频繁的竞争中，人们容易产生紧张、焦虑、自卑等不良情绪，强烈的竞争意识对学业成绩也会产生不利的影响。

竞争会使个体的自我认识产生冲突，一方面，个体经常会出现自我埋怨、感到自卑等不良情绪；一方面，个体会有强烈的优越感，进而产生盲目的自负自大情绪；另一方面，个体又在逃避困难，进而放弃努力。

综上可见，竞争能带来正反两方面的作用，所以，把握竞争的度是非常重要的。

二、竞争的作用

（一）竞争的积极作用

在当今社会，竞争不可避免，能否适应社会，关键在于被动适应还是积极应对竞争。积极的竞争态度要求个体努力掌握好适应社会的知识和技能，不断提高自己的适应能力，学会生存、创造，迎接挑战，并且要相信自己有能力和经验应对压力和竞争。

良好的竞争意识使个体能在竞争面前作出正确的判断和反应，采取积极的态度应对竞争。个体面对竞争时能够主动学习各种知识和技能，提高素质，不会因为社会竞争激烈而感到束手无措、无所适从。相反，缺乏竞争意识的人只会消极地适应社会，对社会竞争的要求一无所知，逃避竞争。

竞争不仅可以使班级充满生机和活力，而且能激发学生的进取心、培养学生参与竞争的能力，以及促进学生的个性社会化。班级管理中也正是因为有了对手的存在而形成你追我赶、奋力进取的良好氛围。

（二）竞争的消极影响

竞争在促进学生个体和学生团体成长的同时，也对学生的身心健康造成不良影响。在某些情况下，竞争可能会引起学生过分紧张和焦虑，引起学生与学生之间的妒忌，从而抑制学生的健康成长。如果引导不得法，甚至会使学生走上另一个极端，导致双方产生紧张、敌对、报复等消极心理。

（三）正确的竞争策略

在面对竞争时采取什么样的应对策略，这是一个人适应社会的关键。过度竞争的个体为了实现目标而不择手段，甚至会采取极端的方式获得成功，这种人具有攻击、控制、冒险或贬低他人的倾向，因此，对其身心健康及人际交往都会产生不良影响。而良性竞争个体并不重视结果，更关注任务本身带来的乐趣。他们关注自我发现、自我提高，而不是与人进行比较，他们也更关心、尊重对方，因此，良性竞争才能给个体带来真正长久的发展。

三、班级竞争中的心理分析及对策

班级竞争是为了培养学生的集体荣誉感，激励学生为了集体而努力，是促进学生发展和班级管理的一种方法，但不是考核教师的标尺。作为教师，应该正确认识这一问题，在班级竞争中有正确的认识和平和的心态，并适时加以引导。教育是一门艺术，教师是艺术家，教师不光要传授知识，还要教学生如何做人。在任何情况下，教师都要坚守育人的职责。因此，在班级竞争中，教师的认识和态度是非常重要的。中学生对事情的认识是简单而肤浅的，他们的行为受教师言行的影响很大，作为教师，身兼传道之职，自己要对班级的竞争的意义和对学生的培养目标有正确的认识，并将这种认识正确地传递给学生。

流动的红旗

某日，学生做完值日后离开教室，某个班的班主任正坐在讲台上的椅子上看书。忽然，一个身影闪进教室，瞬间又出去了。由于椅子在门背后，门是虚掩的，那个孩子没看见老师。这位班主任有些奇怪，起身一看，发现刚才的那个孩子在第一排座位下面撒了一些纸屑。这位班主任追出门，拉住那个孩子，原来是隔壁班的一个小男孩，便问："为什么要把纸屑撒到我们班的教室里？"他犹豫了一下说："刚才你们班的一个女孩把楼道里的一个粉笔头扔进了我们班，要是检查卫生的同学看见粉笔头会给我们班扣分，所以我就将纸屑丢进这个班。"

班主任又问了扔粉笔头的女生，她说："这个粉笔头是他们班一名男生扔到我们班过道上的，检查卫生的老师看见了，会以为是我们班值日不干净，会扣我们班的分。"我经过调查，发现那个粉笔头的确是他们扔的，因为连续几周这个班都得了流动红旗，所以他们就采取这种破坏对方的方式让对方得不上红旗。这件事的根源是所在学校每周要进行流动红旗的评比，评比主要在平行班之间展开，卫生、纪律等都在评比之列。每周综合卫生、纪律、课间操等多项检查，扣分最少的班将得到流动红旗。一个学期中，得到流动红旗最多的班将被评为优秀班级，该班班主任也将被评为优秀班主任。

学校的制度本身是为了培养学生良好的习惯和学生的集体荣誉感，但在执行过程中，由于老师对学生有很多要求，久而久之，这种竞争的压力就给学生带来沉重的负担，让学生对竞争产生了不正确的认识。

案例分析： 在班级竞争中，对学生产生的心理问题进行分析，并提出相关对策。

（一）竞争前对学生的指导

竞争前对学生的指导是非常必要的（如开校运会前），学生对班级竞争的意义、竞争的过程，并没有清楚而正确的认识。在很大程度上他们会认为班级竞争就是战胜对方，就像运动场上拔河、跑接力一样，这种认识显然是不全面的。在展开竞争之前，如果不能对学生进行正确的指导，学生在整个过程中会处于盲目状态，竞争的动机也会受到影响。

心理学家奥苏伯尔明确指出："动机与学习之间的关系是典型的相辅相成的关系，绝非一种单向性的关系。"这就是说，动机以增强行为的方式促进学习，而所学到的知识反过来又可以增强学习的动机，这一理论在竞争中也同样适用。班级竞争的动机会成为整个竞争的驱动力，在整个竞争活动中是非常重要的，竞争动机的强弱影响着竞争活动中学生能力的发挥，而学生对竞争的认识又影响着竞争动机的强弱。如果学生对竞争的认识仅仅是超过对手，这样的动机不会持久。胜了，目的达到了，学生松懈下来，没有持续活动的动力；输了，会影响学生的情绪，也削弱了竞争的动机。

因此在竞争前，要指导学生正确认识和对待班级竞争，保持"良好的竞争心理"，让学生产生较强、较持久的竞争动机。每个班级的学生应把竞争看作是激发班级内在潜力的一种手段，是反映本班某方面整体水平或各方面综合实力的一种方式，不要认为班级竞争仅仅是为了超过其他班级，获得胜利；对竞争的胜败不要看得太重，更不能产生"胜者为王，败者为寇"的思想；对竞争应作最好的打算和最坏的准备。在班级这一特定环境中,学生做到对自我的正确评价,不自卑,不自负;学生有积极参与的竞争意识,不害怕、不逃避竞争;要懂得竞争只是促进学生发展的手段,在竞争中要更多地向对手学习,并在竞争中学会合作。

(二)竞争过程中对学生的引导

学生是一个正在成长的个体,身心都处在发育阶段,对事物有一个认识和熟悉的过程。在竞争的过程中,学生难免会产生一些不良情绪。取胜的一方嘲笑对方,输了的一方会产生自卑心理并嫉妒对方,如果学生不能正确地对待竞争,既有可能导致在竞争中排名靠前的班级里的学生产生骄傲自满的心理,又有可能导致在竞争中排名靠后的班级里的学生产生消极自卑的情绪。一个班级如果排名经常靠后,在以后的竞争中,这个班的学生就有可能甘拜下风,甚至变得愤世嫉俗。

这种竞争状况会导致竞争中的学生形成不良品行,由此可见,竞争过程中的引导对学生心理健康的影响是非常重要的。竞争前的指导让学生可以明白竞争的目的和意义,因此,在竞争过程中,要引导学生掌握竞争的方法和途径,学生既要发挥自身的优势,又要学习别人的长处,这样才能体现竞争的意义。教师还要引导学生正确面对竞争的结果。让学生学会从自身分析成败的原因——如果输了,哪些方面做得不好,对方是怎么做的,自己以后应该怎么做;如果赢了,看看自己的优势在哪儿,对方什么地方需要提高,班级内经常交流、总结,以提高学生的竞争能力和班级的凝聚力。

开展竞争活动的班级之间更要进行交流学习,一方面,可以互相交流经验,另一方面,可以促进对手之间形成友谊,让竞争真正发挥促进学生成长、促进学生互相学习的作用。让班级工作和学校的工作在阳光、和睦的环境下向前发展。现代社会需要竞争,更需要合作,学生的竞争和合作能力是在活动中得到不断强化的,因此,要从小培养学生的竞争意识和合作理念,这一点非常重要。

(三)竞争中对竞争道德的遵守和竞争制度的执行

在竞争中,要考虑学生的认识和感受,因此,竞争应该建立在公平合理的基础上。如果竞争中存在不公平的现象,学生就会产生抱怨、怀疑甚至仇视的心理,这不但不会帮助学生成长,还会激化班级成员之间的矛盾,让学生之间产生隔阂,老师之间滋生怨恨,对师生的身心造成伤害。

班级竞争中的各班要共同遵守竞争道德，这是班级竞争中兴利除弊的主要措施。竞争道德就是指竞争者在竞争中应遵守的行为规范。因此，学校和班级在引进竞争机制的同时，一定要注意给学生提供竞争的机会和创造公平的竞争环境。公平的竞争意识的形成是培养学生良好竞争心理的有力保障。

制度公平是前提，它有利于学生自觉地采取符合班级制度的行为，可以促进学生的全面发展；执法公平是核心，它可以避免学生因竞争引发的人际冲突，进而诱发非正当竞争行为的发生；结果公平是目的，它能够进一步强化学生良好的竞争心理，促使学生更自觉地、正确地参与到良性竞争中去。此三者不可分割，紧密相连，在班级管理中对此三方面都要高度重视，不可放松，以取得更好地教育效果。在参与竞争的过程中要做到：自觉遵守竞争规则；正确地对待竞争的结果，发扬团结协作的精神，排除骄傲、气馁等不良情绪的影响，树立正确的人生观。

（四）竞争中的心理辅导和心理疏导

竞争过程中带给学生的心理问题，如嫉妒、自卑、失落或骄傲、自满等不良情绪，如果不及时予以纠正，可能会让学生产生心理障碍。当学生产生心理问题的时候，要及时与学生进行沟通，重视与学生的对话，了解学生。因此，要及时对竞争中学生产生的心理问题进行心理疏导。

1. 对相关教师进行心理疏导

学校的心理疏导是从思想政治工作的角度来理解的，这应该是心理疏导的一种外延。就是通过解释、说明、同情、支持和相互之间的理解，运用语言和非语言的沟通方式，来影响对方的心理状态，改善或改变心理问题人群的认知、信念、情感、态度和行为等，以达到降低、排除不良心理状态和清除思想障碍的目的。

在竞争中产生心理问题的不仅是学生，还有教师。面对竞争的压力，教师的心理健康也会受到影响。有调查显示，近年来，30%的教师处于亚健康状态，导致教师出现亚健康状态的主要原因不是身体健康问题，而是心理健康问题，一旦教师的心理上出现疾患，受伤害最大的则是学生。解铃还须系铃人，要消除竞争中对学生造成的不良影响，就要先对这部分教师病态的心理进行疏导。要缓解教师的竞争压力，学校应尽可能地为教师提供适度的工作任务，制定合理的工作目标值，尤其是对竞争中处于劣势的班级的教师，给予更多的关怀、帮助、理解。在我所在的学校，学校领导用客观的态度对待各班竞争中的成与败，也经常请一些专家来为教师做心理辅导，引导教师正确地面对生活和工作中的压力，这在一定程度上缓解了教师的压力。

2. 对学生进行心理辅导

心理辅导是一种心理上的助人活动，是指在一种新型的建设性的人际关系中，辅导教师运用自己的专业知识和技能，给别人以合乎需要的心理上的协助与服务，帮助对方处理所面临的问题局面。21世纪的教育强调：人与人之间心灵的沟通、精神的相遇和生命的碰撞，这是一种人类希望、理想和超越的教育。教育学生理性地面对竞争，消除竞争中存在的嫉妒心理，要让学生明白：竞争不是自相残杀，而是一种超越。要凭借自己的实力和努力，在相互尊重、相互信任、相互帮助的基础上进行竞争。别人进步了、成功了，要为之高兴；自己失利了、受挫了，要正确面对。嫉妒他人，甚至采用卑劣的手段伤害他人，是心理不健康的表现。

有的班级获得殊荣，胜利了；而有的班级榜上无名，失利了。这时，学校和各班班主任就应该对不同名次的班级进行有针对性的教育和心理辅导。对名次靠前的班级学生的疏导用语为：不要沾沾自喜、扬扬得意，不能骄傲满足、自高自大，成绩只能说明过去，不能代表现在，更不能代表未来，其他班尽管失利了，但也有许多值得大家学习的地方等。对名次靠后的班级的学生的疏导用语为：胜败乃兵家常事，在竞争中一旦落后，不要一蹶不振；即使在竞争中每次落后，也不要自暴自弃、自责自怜，只要尽心尽力了，发挥了最佳水平，就应无怨无悔，要正视本班的不足，发挥本班的优势，对排名靠前的班级不要嫉妒或冷嘲热讽，而应虚心向他们学习、取经等。

四、个体竞争中的心理分析及对策

让学生参与竞争是提高学生心理素质、增长其才能的重要途径。在现代社会中，我们更应增强学生的竞争意识，培养学生的自尊心、自信心、上进心和耐挫力，这样才能使学生将来能适应社会的发展。

（一）产生消极竞争心理的原因分析

在学生的学习生活中，大大小小的各类竞争有如家常便饭，每个学生自从踏入校门，就开始了竞争，到了初中阶段，他们已经是久经沙场的"老将"。

但是，却存在这样一些现象：有的学生不敢参与竞争；有的学生对竞争采取无所谓的态度，上进心不强；有的学生一参与竞争就过度紧张、不安；有的学生一旦竞争失败就会垂头丧气。这是为什么呢？剖析造成这种种现象产生的原因，主要有以下几个方面：

1. 学生因素

（1）心理压力过重。因为竞争通常能检验出竞争者的知识水平、用功程度和能力的高低，所以，这也是学校经常采用的一种评价方式。家长和学生对评价的结果都很重视，容易给学生造成一定的心理压力，特别是如果过度紧张，往往就会影响竞争效果。

（2）竞争信心不足。竞争随时都有，而且要求人人参加，有部分学生就会在竞争前没有做好充分的准备，在竞争中一旦遇到较难的试题或项目，就会产生不安、紧张，甚至沮丧的不良情绪。

（3）对竞争不正确的态度和认识。很多时候，竞争不只是看结果如何，而是要学生在竞争中得到锻炼，但是有的学生把竞争的结果看得过重，将其看作是衡量自己是否聪明的唯一标准，总是担心自己不行。

（4）受性格的影响。有一些孩子生活在家长、老师的保护伞下太久了，胆小怕事的性格已经形成，做事情总是放不开手脚，对竞争更易产生高度的紧张感，进而造成竞争的失利。

（5）怕吃苦、怕动脑筋、贪图享乐，不愿或害怕参与竞争。现在的孩子，学习和生活中家长包办、代替的事做得太多，养成了"衣来伸手、饭来张口"的不良习惯，自己能做的事也不去做，更不用说参与激烈的竞争了。

2. 教师因素

（1）偏爱"优等生"。对于平时的各类竞赛，很多教师都愿意让"优等生"参加，甚至包括课堂上的回答问题。这样，有一部分学生就根本得不到锻炼的机会，致使这部分学生产生自卑或胆怯的心理，不敢参与竞争，或者把自己置身事外，认为竞争是"优等生"的事，与己无关。

（2）偏重智商高。有些教师衡量学生是以智商为主，把智力方面的竞争作为衡量学生的唯一标准，致使一些学生的其他能力难以得到表现，久而久之，就丧失了学习的信心。

（3）竞争项目很片面。学校老师安排的竞争，大多是工具学科，而对于一些小学科则不安排，而且更注重文字、数字的结果，没有给孩子提供广阔的空间，展示自己的一技之长。所以，有些学生的主科成绩不理想，在其他方面也得不到肯定，自然就什么竞争都不想参与了。

3. 家长因素

（1）家长的期望过高。家长的期望本应是激励孩子发展的巨大力量，但是脱离孩子实际的过高期望，往往会让孩子感到高不可攀，惧怕失败，一旦失败，孩子就会感到不安，缺乏自信心和成就感。竞争不是每一次都能取得良好的效果的，一旦失败，家长的失望甚至责骂，都会让孩子从内心开始讨厌竞争。

（2）娇宠、放任和专制。家长对学生的宠爱会使学生不愿独立思考，依赖性强，意志薄弱，缺乏心理承受能力和进取心；而放任自流会让学生散漫，上进心不强；专制的环境易形成学生胆怯、自卑、退缩等不良性格。

（二）培养个体健康心理的对策

针对以上原因，根据学生的年龄特点，我们应该从多方面去培养学生健康的竞争心理，使学生学会竞争、善于竞争。

1. 引导学生树立信心，敢于竞争

在良好的竞争心理素质中，自信心是十分重要的。一个学生如果对自己有信心，就会全身心地投入到各种活动中去，就更容易发挥出自己的能力和水平。要让学生理解"一次失败并不等于次次失败""失败乃成功之母"。可以开展"找优点"的活动，让学生找自己的优点，找别人的优点，了解自己也是有闪光点的，从而增强自信心。同时，要引导学生虚心听取父母、师长和同学的劝告，发扬优点和长处，纠正缺点和短处，这样就能避免对自己作出过高或过低的评价，从而以正确的定位参与竞争。

2. 让学生学会方法，善于竞争

对学生进行"蒙难"教育，提高学生的意志品质，使学生明白，在人生中难免会遇到挫折和困难，但只要持之以恒，就能获得成功。教师要兼顾各种学生，让他们都能参与到适合自己的竞争中去，使他们的意志品行都能得到锻炼，同时，教师还要兼顾各个方面（德、智、体、美、劳）的竞争，防止一些学生的其他能力难以得到肯定，久而久之，就会以平静自如的心情投入到竞争中去。对性格较内向、不敢在公开场合表露自己的学生，可以通过逐步训练的方法，从个人、几个人，逐步到群体的这种方式，使其逐渐适应。

面对竞争，学生往往会出现紧张、担心的心理状态，所以必须引导学生保持情绪平稳、意志坚定、不畏艰难，凭借坚实的知识基础和过硬的本领充分发挥自己的优势，争取在竞争中取胜。如果在竞争中遭受挫折和失败，那也不必灰心丧气，而应总结经验，争取新的成功，具体可以这样做：

（1）对学生进行意志品质的教育和训练，使学生明白，在成长的过程中，难免会遇到挫折和困难，但只要持之以恒，就能获得成功。

（2）帮助学生树立正确的竞争态度，使学生充分相信自己，学会放松自己的方法，以平静、自如的心态投入到竞争中去。还可以针对具体情况对其加以指导，如比较内向、不敢在公开场合打开自己的心扉、在班里不受注意的学生，对他们的教育就可以利用课余时间悄悄地进行。

3. 不断改进教育方法，教会学生竞争

教师应不断地提高自己的素质，提高自己的思想水平和业务水平；教师应具备维护学生心理健康的能力；尊重学生，学生就会产生自尊和自信，觉得自己在这个团体中，在这个世界上是有能力的、有用处的、有价值的人。反之，学生就会产生自卑感、无能感。

4. 注重家校联系，增强学生的竞争力

通过家校联系本、家访、电话、家长会等与家长密切联系，了解学生的家庭状况，使家长配合学校的教育，共同培养学生健康的竞争心理。

（1）家长要给子女创造一个温馨、和谐的家庭生活环境，使子女有一个良好的心理环境。

（2）教师要提醒家长，要让子女保持良好的学习情绪，不能对子女要求过高，不能采取粗暴的手段，否则会对其造成过重的心理压力和逆反心理。

（3）家长要协助教师帮助子女树立自信心，以激励他们不断进取。

五、"抓中间促两头"地激发全班学生的竞争意识

每个班级的学生都被老师自然而然地划分为三个层次，即"上等生""中等生"和"学困生"。"中等生"就是综合能力特别是学习成绩不如"上等生"出色的学生，但又比"学困生"好一些的这一部分学生。那么，如何有效地创建全班学生的良好的竞争环境？多数老师的做法是"抓两头带中间"。

（一）重视培养"中等生"竞争心理的意义

"中等生"是一个可上可下的团体，他们的心理具有双重性，表现的消极因素是：在情绪方面，心态一般比较平和，不求上进；在意志方面，做事缺乏自信，无法信心百倍地去克服困难，不能朝气蓬勃地奋勇前进，难以培养坚强的意志，做事瞻前顾后，缺少果断性；在能力方面，做事往往成少败多，容易动摇其做事的信心，导致其学习能力提高的进度缓慢，难以做到完美；在性格方面，一般内向、孤僻、不善交际，遇到问题往往自己冥思苦想。"中等生"普遍认为，"上等生"的基础好，智力高，成绩自然突出，作为"中等生"的他们则无法超越；"学困生"基础差，智力弱，成绩赶不上自己，没必要和他们进行比较。再加上长期缺乏老师应有的关心、帮助、教育和培养，在集体生活中也缺乏唱"主角"的机会，自以为处在冷漠的人际关系中，久而久之，中等生就都缺乏主见，缺乏学习、活动的热情，没有与人竞争的勇气和兴趣，对自身认识不够，形成了精神欲求不足的心理惰性，不但自己的成绩进步不了，反而还会影响全班学生学习的积极性，阻碍其他学生学习成绩的提高，形不成一个良好的竞争环境。

但是"中等生"这个特殊的群体也有积极的一面，他们有比较平稳的学习情绪，有明确的追赶目标和参照者，多数人没有认输的不良的心理，多数人能严格遵守学校的规章制度，善于察言观色，有较强的自尊心，做事很认真，很自觉，很懂事，甚至循规蹈矩，不调皮，不捣蛋，不惹麻烦，他们有很大的潜力。大家都知道，智力是一个常量，一个班级的学生的智力大体相同，学习情绪、方法等外因才是最活跃的变量，基于此，学生们之间的差异也最大。这些正是造成学生们学习成绩好坏的决定性因素。作为一位教师，教育的目标是教书育人，要把所有的学生都塑造成一个身心健康的、对社会有用的人才。教师要创设条件，帮他们扬长避短，改变心态，提高其学习成绩，经过一段时间，他们中有的人甚至一部分人会跻身"上等生"的行列。要改变"中等生"的这种普遍心理，让大家都能充分认识自己，正确认识自己的价值，选择"中等生"这个突破口，促进"两头"，激发学生们的竞争心理无疑是一个最佳的办法。

（二）对"中等生"心理问题疏导的方法

1. 从思想入手，寻找突破点

思想工作是一切工作的生命线。思想工作做好了，一切问题将迎刃而解。

当"中等生"取得成绩时，老师应该及时表扬予以肯定，因为点点滴滴都会改变他们的思想，使他们对老师产生依恋与信赖，学生们要求进步的动机就会得到强化。当"中等生"遭受挫折、失去信心时，老师要及时指出他们的优点，帮助他们找回曾经拥有的成功的喜悦感，鼓励他们重新树立信心。因为只有思想端正了，才会有利于今后工作的开展。我教过这样一名学生，他平时沉默寡言、成绩中等，也参加各项活动，但不积极，是个明显的"中等生"。我和他谈心的时候，他说没人知道他在想什么、在干什么，老师忽视了他，他觉得自己在班级中不是一个重要的人物，对生活失去了激情，学习失去了动力，进而形成了一个恶性循环。针对这一情况，我主动和他接触、交流，无论是在衣着上，还是在遵守纪律上，或者学习成绩有所提高时，只要有一点儿进步，我就夸他几句，这也引来许多同学们羡慕的目光。这名同学的思想问题解决了，学习也更加刻苦了，成绩提高得很快，一名"中等生"一下子变成"上等生"。

2. 从关爱入手，寻找支撑点

其实，"中等生"往往最让老师省心，老师不用担心他们的成绩会大幅下降，不用担心他们会惹是生非，而恰恰是这种省心，"中等生"也就更容易缺失老师的关爱。因此，老师要尽可能地在学习、生活中去关爱他们，寻找机会去弥补这种缺失。例如：批改"中等生"的作文时，要尽可能地使用鼓励性的评语："你进步真大！""我读你的文章时，都被感动了。继续加油！""如果语言再优美一点儿就会更好！"这样的评语不仅能让他们感受到老师亲切的教学态度，还能调动他们主动寻找问题、解决难题的积极性。在课堂上，老师也该多留一份爱给"中等生"。如果"中等生"在课堂上不积极发言，老师可以换一个角度，在听写时，夸一夸"你的坐姿最端正"；在做作业时，赞一赞"你的字写得最工整"；当他上课只听讲不敢举手时，说上一句"你听课真认真"……老师多关爱"中等生"，能激发他们潜在的学习斗志，使他们的学习成绩得到大幅提高，也会让他们积极参与班级组织的活动。

3. 从爱好入手，寻找闪光点

每一名"中等生"都有自己的爱好和优点，教师应学会欣赏他们、信任他们、给予所有学生同等的关注。要把每一名学生都看作是一个有思考能力的人、有发展潜力的人，用欣赏的眼光看待学生们的每一个想法、每一次发现，发现他们的可爱之处和闪光点，并给予鼓励。教师要帮助学生们了解自己，增强自信心，使他们知道"尺有所短、寸有所长"的道理，以正确的定位参与竞争。

 案例

让"中学生"脱颖而出

班级中有一名叫小玲的女生，她平时少言寡语，学习中等，很少说笑，说话做事都十分谨慎。

一次，学校组织新年文艺会演，要求每个班级出两个节目。我问："谁愿意表演？"几名平时学习好的学生也不说话了。一段长时间的沉默后，一名学生说："小玲唱歌好听。"我还真不知道小玲会唱歌。我看小玲的脸一下子就红了。这时，我鼓励她说："小玲同学，你唱歌好听，这是你的优势，老师帮你好好准备一下，相信你一定能成功的！也许将来你会成为一位大歌星呢！"小玲听了，低着头，对于老师的评价很高兴。那次，小玲的表演获奖了，她改变了自己的性格，学习也更加努力了。一个学期过后，成为"上等生"。舞台的搭建需要老师的精心设计，老师要发现这些"中等生"的优点，在班干部轮流、活动策划、奖项设置等方面，多给"中等生"一些展示的舞台，挖掘"中等生"的潜力，让"中等生"有脱颖而出的机会。

学校教育应该是"为了一切孩子"。作为在班级中占较多人数的"中等生"，他们是一个温和沉默的群体，如何激发全班学生的竞争心理，抓好"中等生"的教育，释放出他们潜在的力量，这是一个大问题。老师一定要擦亮自己的眼睛，不要仅仅在提升"优等生"和紧抓"学困生"上下功夫，不妨尝试一下"抓中间促两头"的做法，让每一名学生都能成为合格的人才。

六、培养良好的竞争心理，激励人人进步

班级管理艺术森林中的树木之所以长得又高又直，绝少旁逸斜出和枝枝杈杈，是因为它们只有力争上游，才能争夺到更多的阳光和空气。这在教育理论中被称为"森林效应"。一个班集体要充满活力、富于朝气，就需要根据"森林效应"原理，引入激励竞争机制。通过培养良好的竞争心理，给学生提供公平竞争的机会，从而激发每一名学生的斗志，形成人人喜爱竞争、人人参与竞争、人人进步、共同提高的良好的教育效应。

（一）从学生自身培育健康的竞争心理

1. 树立正确的竞争观念和自信意识

要正确认识竞争和学习的关系。竞争只是学习的手段，不是最终的结果。要意识到学习是最主要的，竞争是次要的。但必须面对竞争，竞争能够带来机遇和挑战，竞争能够使人居安思危。竞争的同时，要保持自信，因为自信是成功的基石，如果拥有了自信，就会无所畏惧。

2. 正确认识自我，确定恰当的奋斗目标

要先根据自己的实际情况，确定适合自己的目标，不要脱离实际。再制定切实可行的目标，然后超越目标，这样就可以进一步激发斗志，以饱满的学习情绪和旺盛的精力去向更高的目标迈进。同时，培养自己与人为善的品质，拓展包容万物的博大胸怀，树立战胜挫折的坚强意志，让我们不以超越他人为人生目标，而以学习他人的长处为基础，走上不断认识自我、完善自我、战胜自我、超越自我，达到人生更高发展层次的健康道路。

3. 树立竞争与合作互补的观念

竞争与合作是相互促进、相互补充的关系。竞争能够使人进步，但人更需要通过合作求得进步，从而奠定竞争的基础，然后再通过竞争求得更大的发展。既把同学当作竞争对手和赶超的目标，又把同学当作志同道合的朋友，从而不断超越一个又一个自我，实现人生里程中思想、知识、意志上的新突破，为将来踏入社会、参与激烈的竞争充分做好准备。

（二）从班级中培育学生健康的竞争心理

1. 寓教于乐，培养学生良好的竞争心理

以校运会为契机的班会活动

有一年，我班参加学校秋季运动会，运动员的素质和能力都不错。赛前，同学们摩拳擦掌，憋着一口气要夺冠军。比赛时，却由于一名运动员在4×100米接力中掉棒而功亏一篑，屈居亚军。赛后，运动员们相互抱怨，班干部、学生们也情绪低落，有些气馁。那名不小心掉棒的学生更是神情沮丧，趴在桌子上一言不发，真可谓"默默无语两行泪，耳边只有抱怨声"。有感于此，班主任设计了一节心理游戏课。游戏是这样进行的：

（1）请体育委员当裁判，组织8个人自告奋勇地参加，每4人为一组。

（2）游戏规则：空地中央放两个瓶子，每个瓶子中放4个拴了绳子的小球（小球直径比瓶口略小，一次只能拉出一个），比赛看哪组先拉出瓶口，有10秒钟的准备时间。

（3）游戏开始进行，其他同学在周边观看。

玩儿是学生的天性，一听说做游戏。教室里立刻沸腾了，学生们的脸色也是多云转晴，随即变得灿烂起来，学生们纷纷要求参加。我有意安排参加接力赛的4名学生组成一组。比赛开始了，加油声震天动地，参赛的学生却搅成一团，原因是4个人都想第一个将球拉出来，一起用劲，结果小球都堵在瓶口，谁也拉不出来。此时，我叫了一个"暂停"，请他们商量一下小球拉不出来的原因，20秒后重新开始比赛。这次，他们改变了策略，事先安排好谁先谁后，就毫不费力地将小球迅速拉出。

游戏完毕后我请同学们讨论，通过这个游戏悟出了什么道理？大家纷纷发言，收获颇丰。这次游戏使大家懂得了冠军只有一个，不可能人人都得第一，要用平常心笑对失败和失败的勇士；同时，他们懂得了只有互相帮助和合作，才能共同取得好成绩；懂得了竞争的真正含义在于超越自我，实现自我提高。在活动中，我注重培养他们的心理承受能力、相互协作能力。通过教育和自我教育，使他们树立健康的竞争心理。既能做到胜不骄、败不馁，又能学会宽容和谅解，摒弃自私狭隘等不良心理，从而形成积极进取、乐观向上的良好竞争心理。

2. 改进考评激励机制，为学生创造公平竞争的机会

争强好胜是青少年共有的心理特征，班主任要抓住这一特征，给学生们创造公平竞争的机会。"让他们在这个过程中体验到自己的劳动和成就"（苏霍姆林斯基语），体会到成功的喜悦、竞争的乐趣。不可否认，学生中存在着个体差异。如果用同一个标准去衡量全体学生，往往会形成"龟兔赛跑"的不公平的局面。试想：兔子如果不睡觉，乌龟是永远也不会追上兔子的，更不会赢得比赛。同样的道理，在评模选优、表扬先进上，让基础差的学生同"优等生"去拼名额、拼指标无异于"龟兔赛跑"。

实际情况常常也是如此，各方面好尤其是学习好的学生，会轻而易举地获得诸如"三好学生""模范团员"等殊荣，而且常常蝉联。而"中等生""学困生"就只能"望优兴叹"了，他们几乎没有"出头之日"。这无疑会严重挫伤大多数学生的积极性，其结果是不言而喻的。结果只会越比越气馁，越比越糟糕。这种激励机制是"应试教育"下的产物，它背离素质教育"面向全体学生、共同提高"的教育宗旨。所以，引入公平竞争机制至关重要。

引入公平竞争机制

我班尝试给学生创造公平竞争的机会，改进考评激励机制，其方法是：在百分考核的基础上，开展素质评比活动。每学期初，根据学生的学习成绩，把全班分为10个小组。每组有5～6名水平相当的学生组成。从考勤纪律、劳动、卫生、作业完成、学习成绩5个方面进行考评（作业不但要及时，更要保证质量）。学生只要从一个方面取得了进步，就及时给予表扬和鼓励，一月一评一总结。到了期末，每组考核成绩第一名就评为"优"，班内各种评模选优就从这10名学生中产生，每名学生机会均等。

这种方法打破了"优等生"垄断"天下"的局面，为优、中、差三种水平的学生创造了均等的受尊重、受肯定的机会，营造起公平竞争、人人参与的良好氛围，使学生们形成了"渴望成功—奋斗—取得成功—渴望新的成功"的良性循环。我班的25名团员中，学习成绩虽然有优有劣，但他们有一个共性：就是积极向上、刻苦认真。他们成为学生中的骨干，在各自的起跑线上顽强拼搏，带领全班学生营造了良好的班风和学风。

3. 加强班务民主管理，为学生营造良好的学习环境

利用班会时间引导学生们自己讨论并制定班规、班纪，老师只做他们的参谋。根据青少年争强好胜的心理特点，设计一节"怎样建立一个好班级"的主题班会，鼓励学生们为班级管理出谋划策。学生们的班级荣誉感一旦被激发出来，便会热情高涨，纷纷为主题班会献计献策。经过筛选归纳，从学习、纪律、卫生、考勤、特别贡献5个方面制定奖惩标准及奖罚措施（标准尽量细化到作出怎样的成绩会得到怎样的奖励，违反怎样的纪律会受到怎样的处罚的程度，以便于师资操作）。这样，通过学生讨论、参与立"法"，制定出的班规、班纪，不是班主任老师的"一家之言"，不是凌驾于学生头上的"尚方宝剑"，而是学生们自己的"法"。这样的"法"，学生们自然会真心拥护并遵守。

在班级日常管理上，让每一名学生都尝试着管理，使学生感觉活动是自己的活动，管理是自己的管理。实行值日班长负责制和班干部轮换制。这样，使所有学生都有机会成为班干部，既培养了其组织管理能力，又能使其体谅做班干部的苦衷和难处，增强他们遵纪守法的意识和自我控制的能力。

4. 利用主题班会开展心理健康教育

因班主任时间有限，不能在短时间内对所有学生进行单独的心理健康教育，或在进行单独教育时，其他学生会用有色眼光看待被教育者，这都会使教育效果大打折扣。所以，班主任可以利用开主题班会的机会，对全班同学开展心理健康教育活动，可以根据经验对学生面临的心理压力和负担进行猜测，然后以其为主题召开班会。在开班会前，班主任要搜集相关的资料，确保自己灌输给学生的都是积极向上的思想观点。班会上，除了班主任发言外，班主任还可以安排性格比较外向、心理比较健康的学生进行发言，以此来带动班会气氛，使学生能畅所欲言。集体的力量是巨大的，不仅可以使学生团结一致，还能使积极的思想在班级中快速传递，心理有负担的学生会受到影响，并且这种同龄人都认可的思想，接受起来也比较容易。

5. 利用校内外各种集体活动，营造良好气氛

学生参加各种校内外的集体活动，也就意味着学生所到的地方不再局限于学校，接触的人也不局限于同班同学，所有学到、看到的东西，都会使学生眼界开阔、心胸豁达起来。并且这种集体活动，更需要所有的同学团结在一起，心理有负担的学生在和大家一起交流、一起完成工作任务的过程中，心情自然会得到放松。另外，学校可以开展一些体育活动，学生在完成大量运动后，身体的劳累会减轻学生心理上的负担。

班主任要保证每一名学生都能获得健康成长，无论成绩好坏，都能保持心里轻松，不带负担，并对未来充满希望，这是班主任进行心理健康教育工作的主要目的。班主任要加强对这项工作的重视，不将其看作是表面工作，并将对其采取的措施落实到实际中。

七、培育学生健康的竞争心理实践

有一句耳熟能详的网络语言："羡慕，嫉妒，恨"，而我现在要谈的是"如何培育高中生健康的竞争心理研究"，这一话题恰恰就从这句网络语言找到了切入点。

生活于当下的人都能真真切切地感受到当今社会是一个崇尚竞争的社会，虽然很多教育者想为高中生搭建一个充实并且快乐的成长环境，但事实上，学校和外界社会之间并不存在一道屏障。在这种崇尚竞争的社会风气下，高中生所能感受到的是竞争的强大压力，在这种压力的长期作用下，自然而然就产生了不良的竞争心理。

显而易见，"羡慕"是一种健康的竞争心理，但是"嫉妒，恨"一定归于不健康的竞争心理。

（一）现状分析

目前的各类中学其实是一所所"考试"的学校，各式各样的考试、评比构成学校生活的核心活动。而且学校的各种表扬与奖励、高中生干部的遴选、班主任的关注力分配都与各种考试成绩的排名密切相关。因此，高中生要想在学校中获得优秀的资源就必须在与同学的竞争中取得优势，而且还要随时防备被别的同学赶超。学校的这种标准化评价为高中生个人带来了巨大的竞争压力，因此，也在一定程度上可能引发高中生的不良竞争心理。

（二）关于竞争心理的理解与尺度的把握

竞争心理是指某个人与其他人一起活动时，想超过他人的一种心理状态。竞争是一种复杂的心理组合。竞争可以激发人的动机，使动机处于活跃状态；竞争是一种不甘落后、力争上游的心理。竞争可以对人的智力起到一种强化作用，它可以促使人的知觉更敏锐准确，注意力更集中，可以使人想象丰富、思维敏捷，充分发挥人的创造性。

可以说，通过竞争想超过他人是人的一种本能，以高中生为例，每次考试结束后，总因为自己考试成绩比他人高而津津乐道；可以说，正常的人都或多或少有某种竞争心理，只有和他人比较时才表现出来。

某届，班上有7名女生在读初中时是同班同学，她们彼此之间非常熟悉，更可喜的是她们的家长彼此之间也一样非常熟悉，但每次开完家长会，这7名女生的家长总会不约而同地围绕在我身边与我聊天，她们之间也会相互说自己孩子的不足与别人孩子的优点。听她们说得最多的一句话就是："如果我的孩子像你的孩子那样学习，不用我着急就好了。"

于是，我便思考应该发挥孩子们的主观能动性，当然，更需要孩子们一起努力发展他们的良性竞争心理。我建议7名女生分别确定自己的座右铭与目标大学，结果却惊人地相似。

7名女生的座右铭与目标大学

姓名	座右铭	目标大学
倪某	将来的你一定会感谢现在努力的自己。	中山大学
梁某	Act like a woman and think like a man.	北京外交学院
冯某	不是你今天感觉不好，就可以随随便便地输掉。	华南理工大学
文某	等待就是浪费青春，高飞吧，我的梦。	中山大学
刘某	不要生气要争气，不要看破要突破，不要嫉妒要欣赏，不要拖延要积极，不要心动要行动。	中山大学
赵某	书山有路勤为径，学海无涯苦作舟。	华南理工大学
李某	人生就如赛场，即使不被看好，也能实现反转。	中山大学

这种情况说明竞争心理是具有目标性和排他性特征的，也将形成两类不同的心理：健康的竞争心理和不健康的竞争心理。健康的竞争心理是指具有与其年龄发展阶段相适应的认识水平、高尚的情操、积极的情绪、超越客观现实的意志行动的个性特征。也就是建立在健康心理基础上对外界活动所作出的一切积极向上、奋发进取的个性反应。不健康的竞争心理则是建立在与其年龄发展阶段不相适应的认识水平、消极的情绪、薄弱的意志、不良的动机和行为占优势的基础上的缺陷性个性特征。

（三）如何培育高中生健康的竞争心理

随着人类社会的飞速发展，世界各国都非常重视高中生的素质教育和综合竞争实力，与此同时，高中生们的竞争心理素质也受到各国教育者越来越多的关注。高中阶段的高中生因其学龄特点和生理特点，处于未成年与成年的过渡时期，因此，其心理上的可塑性是非常强的。在我国新课改的时代背景下，高中阶段的班主任们着手于高中生的竞争心理研究具有积极性，并且此举不容忽视。

1. 如何消除嫉妒的心态

从心理感受上看，嫉妒本身就是面对自己本人和他人之间的差距所表现出的消极抵制和防御状态。一方面，具有嫉妒型竞争心理的高中生不去接受他人比自己优秀的现实；另一方面，这类学生害怕他人变得比自己更优秀。嫉妒型竞争心理是不良竞争心理最普遍的形式，也是其他类型不良竞争心理的基础和起始阶段。

第一，班主任在班级里树立各类榜样与标兵，倡导健康竞争的班级舆论氛围。

班级光荣榜

我在教室前门的班牌上张贴的班级光荣榜公示以下内容：

（1）热烈祝贺梁俊杰同学荣获"广州市三好学生"称号。

（2）热烈祝贺戚淑仪同学荣获"广州市优秀班干部"称号。

（3）热烈祝贺陆斯豪同学荣获"广州市越秀区优秀团员"称号。

（4）热烈祝贺梁俊杰、戚淑仪同学在高二期中考试中获得"全级并列第一"的好成绩。

（5）热烈祝贺梁俊杰、戚淑仪、卢可彬、张浩玲、李仲泓、梁婉翎等同学问鼎"越秀区统考总分前十名"的骄人成绩。

对班主任而言，进行这方面的心理健康教育一定要抓住高中生自己本人积极向上的竞争意识的改变和学校、班级健康舆论氛围的转变这两个方面，只有这样，才能把工作的重心投入到比较现实的方向。

第二，努力让高中生意识到自己的有限性。

在无限潜能信念的支持下，作为教育者，大家都认同并且经常向高中生传递"天道酬勤""只要付出，就有收获"的思想，积极鼓动高中生参与各项竞争。但是，很多高中生却在付出许多努力后发现自己并没有取得满意的效果，特别是对想在各类竞争中脱颖而出的结局感到迷茫。

因此，班主任要对具有不良竞争心理的高中生进行心理健康教育，首先就需要让这些高中生意识到人的有限性和自己的有限性，他人和自己虽然都各有优点，但这并不意味着自己的优点就适合自己正在参与的竞争。只有让高中生正视自己的有限性，班主任才能从根本上降低高中生在竞争中的不正常的自我加压。

第三，班主任着力于班级里树立学生自我超越的心态，把竞争的方向转向自己本人。

当高中生意识到自己的有限性之后，从而丧失进取的积极性。班主任在这时就要积极帮助高中生树立自我超越的意识，让学生意识到"只要我战胜自己就是胜利"，这样，学生就会把极端的竞争压力投入到自我改进当中。

我所带班级的座右铭为"正义道德，天下为公！学无止境，达者为先！"这十六个字十几年来一直张贴在我所教班级的两侧的墙上。

2. 如何通过竞争合作学习模式发展高中生的健康竞争心理

竞争合作学习模式通过班级各学习小组的组内与组间学习竞赛，使高中生形成比学、互帮的良好学习环境和氛围。在师生不断地评价、交流和创新中改进技术方法，有效地提高了高中生的实践操作能力。

竞争合作学习模式通过班主任的启发与引导，使高中生通过主动观察、模仿老师或组内同学的思考行为与执行方式，领悟和感受各类学习方法的要点与难点，克服了学习中的惰性和随意性，学习目标比较明确。这种能够主动讨教、寻求解决问题的方法，使学生的精神面貌焕然一新。

我鼓励班上的同学自由选择组合成竞争合作学习小组，其中班上有5名男生的组合值得分析和研究，以下表格为他们以往的4次考试成绩：

某年第一学期高一年级期末考试成绩

姓名	语文	数学	英语	物理	化学	生物	理科总分	级名次
梁某	103	128	126	99	97	91.5	644.5	4
谢某	110	120	130.5	96	92	86.5	635	7
杨某	108	120	122.5	99	93	88	630.5	9
郭某	94	131	118	92	89	89.5	613.5	20
刘某	111	132	120.5	95	93	87	638.5	6

第二学期高一年级期末考试成绩

姓名	语文	数学	英语	物理	化学	生物	理科总分	级名次
梁某	118	131	137	78	96	87	647	1
谢某	105	132	122	84	93	84	620	9
杨某	106	124	128.5	83	99	85	625.5	4
郭某	100	103	126	77	93	80	579	44
刘某	102	125	126	82	91	83	609	12

第一学期高二年级期中考试成绩

姓名	语文	数学	英语	物理	化学	生物	理科总分	级名次
梁某	112	144	116	78	80	86	616	3
谢某	105	146	113	85	69	86	604	14
杨某	98	150	92.5	96	87	83	606.5	10
郭某	108	141	113	71	83	93	609	7
刘某	82	144	104.5	78	82	81	571.5	31

第一学期高二年级期末考试成绩

姓名	语文	数学	英语	物理	化学	生物	理科总分	级名次
梁某	93	130	134.5	93	89	91	630.5	4
谢某	104	122	126	94	86	85	617	8
杨某	93	124	114.5	88	98	85	602.5	19
郭某	99	117	122.5	83	84	89	594.5	27
刘某	103	138	125	94	88	82	630	5

合作学习小组的5名同学考试成绩4次全级排名统计表

姓名	第一次全级排名	第二次全级排名	第三次全级排名	第四次全级排名
梁某	4	1	3	4
谢某	7	9	14	8
杨某	9	4	10	19
郭某	20	44	7	27
刘某	6	12	31	5

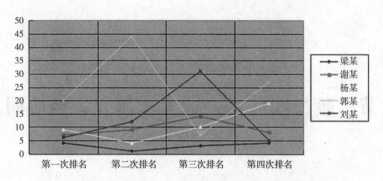

合作学习小组的5名同学考试成绩4次全级排名统计图

从以上各组数据可以看出学生们的变化和进步，合作学习小组的五位同学考试成绩4次全级排名统计反映出梁某同学成绩比较优秀，并且比较稳定，是小组内的带头大哥；谢某同学与刘某同学整体趋势是进步的；郭某同学成绩波动性较大；杨某同学考试发挥不稳定。这些情况当然有喜有忧，但我不担心，因为这一切只不过是一个阶段性的反应。

竞争合作学习模式通过组内的学习竞赛，使高中生的合作学习的能力得到增强，同学之间也会经常给予帮助，形成了一个扬长补短、赶超、互学互帮的良好的学习氛围和舆论环境。促使高中生在良性竞争的环境中学会学习，为合作学习小组争光，努力超越自己，以达到组内、组间、班级共赢的良好局面。

（四）培育高中生健康的竞争心理的研究反思

由于高中阶段的高中生因其学龄特点和生理特点，处于未成年与成年的过渡时期，因此其心理上可塑性是非常强的。高中生通过参与健康竞争心理研究学习活动重新认识自我，加深与同学的交往，学习他人的优秀品质。通过举行形式多样的健康竞争心理研究活动，在活动中学生可以形成积极、乐观、灵活机智和敢于创新等良好的性格特征。

实践表明，我在班级管理中注重高中生健康的竞争心理的培养，促使班风和学生学风得到良好的提升。学生在班集体中得到关心爱护，受到尊重、信赖和温暖，同学们的心理与性格变得越来越积极稳定，个人更加自信大胆，同学相处更加团结友好。简而言之，培养高中生良好的竞争心理素质，是当前新理念下教育中必不可少的因素，它能使我们的教育产生事半功倍的效果，它能使学生未来的人生之路变得更加绚丽多彩！

第六节 雁行团队——通力于研究家校协同教育

2019年"两会"期间，全国政协委员、北京史家教育集团校长王欢谈到"家校共育达共识，互相补位不缺位"，是新时代办好人民满意教育的必然要求。只有让学校教育和家庭教育真正协调统一起来，才能让孩子快乐成长。建议鼓励中小学创设亲子特色校本课程，组织力量调研我国中小学亲子特色校本课程实施情况，制订并实施中小学创设亲子特色校本课程的鼓励性政策，推动形成以亲子特色校本课程促进家校共育的社会舆论氛围。

她建议由政府部门制订指导意见，推动中小学构建亲子教育资源平台，汇集不同行业、适合学校课程发展需求的专家型家长，依托亲子教育资源平台，推动家长以专业理解为支点，以亲子教育为杠杆，与教师一起"撬动"家校合作的专业化进程，为学生的健康快乐成长插上家校共育的翅膀。

一、基于"五立"雁文化育人模式的家校协作实践研究

诠释"五立"雁文化理念，目的是研究家校协作教育的有效、高效模式，研究家长结对、开发家校协作项目，促进青少年学生全面健康的发展。基于"五立"雁文化育人模式的家校协作实践研究之初，我们拟定了一系列亟待解决的家校协作问题：

（1）孤雁难飞，如何组建目标一致、凝聚力强、团队动力足的家长团队？

（2）如何明确责任与分工，建立多元、多维形式的健全的家校协作架构？

（3）振翅高飞，如何实现和谐、互助、高效、共赢的家校协作教育形式？

①家长进课堂，如何开展主题班会？

②家长促活动，如何配合学校教育？

③家长办活动，如何激发家长主动参与家校协作教育？

鉴于情感投入的程度将家校协作教育划分为三类：积极型家校协作教育、沉默型家校协作教育、回避型家校协作教育。《国家中长期教育改革与发展规划纲要》提出，要充分发挥家庭教育在儿童少年成长过程中的重要作用。家长要树立正确的教育观念，掌握科学的教育方法，尊重子女的健康情趣，培养子女的良好习惯，加强与学校的沟通与配合。

（一）研究背景及国内外研究现状

长期以来，由于片面强调单一的学校教育影响，忽视了家庭教育的应有价值，导致学校教育和家庭教育难以形成教育合力，进而在一定层面上影响青少年身心的和谐健康发展。基于青少年情感发展的家校协作教育，离不开家长会的准备和开展、家访艺术的操作、家庭档案的建立及家校双方心理隔阂的消除等。

我国有大量的教育改革行为在支持家校协作教育，从家校信息沟通层面来看，一般中小学校要求教师进行家访和召开家长会，许多学校通过网络及时公布学校信息；从参与决策层面来看，家长委员会在中小学校纷纷建立，形成校级、年级、班级的三级管理机制，通过家长委员会反映家长的意见和建议，协助学校进行决策。

英国北爱尔兰大学教授摩根将家校合作的方式按家长参与的层次分为三类：一是低层次参与，合作方式有访问学校、参加家长会、开放日、学生作业展览等活动（家长联系簿、家长小报、家庭通讯也属于此类）；二是高层次参与，合作方式有经常性家访、家长参与课堂教学和课外活动、帮助制作教具、为学校募捐资金等；三是参与正式的组织活动，这种层次的合作方式有家长咨询委员会等。

（二）研究的意义及研究的价值

我们认为，基于"五立"雁文化的家校协作实践研究，强调以人为本、以生为本的思想；凸显青少年成长和发展的核心要素，注重其个性和社会性发展；明确教育合力的作用价值，协作育人；着力于学生的全面发展，在活动形式、组织形式上进行协商，在合作行为的基础上增进相互间的理解，以统一的价值观理念、适宜学生个体的评价标准指导学生的发展规划，充分尊重家长对孩子学习生活的管辖权，尊重学生对自身未来的选择权。

而"雁阵文化"的团队意识给予班级管理工作者需要开展家长团队组建工

作的启示。家庭教育作为学校教育中必不可少的一环，越来越受到德育工作者的重视。然而现行的学校管理理论，着重于教师队伍的建设与学生的管理，而对建设班级内部的家长关系，没有给予足够的重视和研究，以致德育工作者在进行班级管理时无法得到家长的协助和支持，甚至出现家长教育与学校教育相背离的情况。

从班主任工作的角度看，出现这种情况，其根本原因是班级管理的目标、理念与学生家长的家庭教育理念不一致，以致教育效果大打折扣。家长与家长之间，除了个别有私下交流外，相对处于隔绝状态。这种情况，就相当于数十只乌鸦在天空上向不同的方向飞行，而最终的结果，必然是难以高飞与远飞，难与大雁团队翱翔远方相比。

因此，本课题研究旨在在"五立"雁文化的指引下对家校协作的教育模式进行实践研究，从而结成"雁阵"，组建家长"雁阵"团队，把班级里的家庭个体整合成团队，把分散的家长力量扭成一股合力，更好地配合班级管理，从而促进青少年学生能健康、全面地发展。

（三）研究的目标

（1）鉴于家庭是孩子的第一所学校，父母是孩子的第一任教师，也是孩子们终生的教师。课题组将在"雁阵文化"的理念指导下进行家校协作教育，探讨家校协作教育中的具体模式，并进行实践研究。

（2）通过家校协作教育活动来搭台，打造无痕德育文化，建立多元、多维家校互动、家长结对、开发家校协调项目等形式消除孩子成长中的盲点视角。

（3）组建和优化家长团队，结成家长"雁阵"，把班级里的家庭个体整合成团队，把分散的家长力量扭成一股合力，资源与理念互补，以更好地配合班级的管理。

（四）研究的重点与难点

（1）当今德育建设工作，家校合作越来越受到德育工作者的重视，但家长的教育理念、方法和能力之间的差异，让家庭教育难以在班级管理中发挥其作用。

（2）"五立"雁文化折射的"目标""分担""弘毅""互助""鼓励"群体管理模式，可以有效地适用于家长团队的管理。

（3）级组和班主任可以依托"五立"雁文化，与班级家长不断沟通、磨合与信任，从而打造一支目标明确、理念一致、互帮互助的家长团队，构建高效的家校合作团队，最终协助班级管理，促进班级建设。

（4）诠释"五立"雁文化的团队管理理念，把班级家长从个体整合为团队，发挥家长在家庭教育、学校教育中的职能，实施家校协作，让家长与班主任共同实施班级管理。

二、家校共育恰是班级雁阵建设的保障

苏霍姆林斯基曾说："生活向学校提出的任务是如此的复杂，以至于如果没有整个社会，首先是家庭的教育学素养，那么，不管教师付出多大的努力，都收不到完满的效果。"在现实的班级建设中，德育工作者总是感叹，"现在不仅仅是学生需要受教育，家长同样也需要接受科学的教育。"家长理念各异、方法不一、能力参差不齐，很难与学校教育形成合力。因此，"雁文化"折射的"目标""分担""弘毅""互助""鼓励"群体管理模式，同样适用于家长团队建设。

（一）亲子沟通方式多样化

作为中学生，如何与父母建立良好的亲子沟通，是成长的重要命题。在家校共育活动中，我们特别注重仪式感教育，倡导无论工作有多忙，学业压力有多大，在条件允许的情况下定期举行家庭议事会，或家长和孩子每周应该有固定的时间坐下来，聊聊家里家外；或一起散散步，谈谈见闻见解。类似地，家长和孩子也可以借助成长日记、鸿雁传书等方式进行诉说，表达情感，不求字字珠玑，但求真情实意，从而实现彼此接纳、理解的目标，并从文字中获得力量！而这些文字恰恰可以保存下来，既是孩子成长的印记，也是一家人温暖的记忆。如果孩子从小就能在家庭中、学校里、社会上感知升国旗、阅兵仪式、生日、婚礼、传统节日、奥运会等活动中的仪式，且保持一种仪式感，并让其成为一种习惯，那么，孩子的生活必然诗意浓浓。这样的仪式感教育不仅可以改善亲子关系，而且可以提升家庭共育的和谐度。

（二）构建"雁阵"经纬合力教育体系

班主任与家长共同研修积极心理学，寻找有效的实践指导理论。积极心理学用在青少年时期，旨在培养学生对自身情绪的控制力、正确认知生命的价值，外界环境对青少年的影响亦不可忽视，统一的价值观指导、对情感需求的

尊重、教师与家长间就学生各方面的想法或行为及时交换信息等都有着重要作用。学校教育和家庭教育的合作，无论是在提升学生课业成绩还是品德培养，抑或是人格完善等方面都发挥着不可替代的功能。

我们依托"五立"雁文化，与班级家长不断沟通、磨合，增进彼此之间的信任，通过班级微信群汇聚本班家长智慧，通过班级微信公众号提炼与展示本班家长的先进育儿理念，形成家校之间纵向延伸、家长之间横向延伸的"雁阵"经纬合力教育体系。我们旨在营建一支目标明确、理念一致、互帮互助的家长团队，构建高效的家校协作模式，进而殷实班级建设，促使班级育人走内涵发展之路。

三、"五立"雁文化在家校活动中的渗透和提升

传统意义上的家校活动不外乎家长会，老师在讲台上说，家长在台下听，老师提出教育建议，家长有可能只是单方面地接收并没有真正地落实，老师和家长无法在同一个阵营里。我们工作室的"五立"雁文化实践年级除了使学生能形成自己的雁队和雁阵，连家长也都可以在这股思想的影响下走到一起，围绕班级事务展开讨论。雁文化精神经过一段时间在学生和家长中的不断宣传，已拥有一大批家长粉丝，在年级微信公众号推文的留言区不时会看到家长对雁文化的认同和赞许。

（一）亲子家庭作业

趁着这股雁文化的东风，我们也尝试着进行了各种不同的家校活动，以拉近学生和家长的距离。从七年级开始，每周五，班主任都会布置一项亲子作业，可以是帮父母做一件家务事或是全家一起进行一项家庭活动，父母在家校本中对学生的这项作业进行评价，班主任会根据家长的评价给予学生金牌的奖励。布置这项作业的目的是让学生在这个过程中学会为父母分忧，也让学生学习如何自理生活。有的学生每周向妈妈学习做道简单的菜，有的学生在母亲节当天为家人煮爱心早餐，还有的学生和家人一同出游去钓鱼。每次看到家长对自己孩子赞叹不已的点评，班主任看到的是家长的喜悦不仅仅来自孩子的学习成绩，更是来自看到自己孩子的成长。

到了八年级，这个活动已持续了一年的时间，学生每周做的家务已经增加到每周两项，有些学生还主动做三四项，希望这个小小的活动能在孩子们的心

中种下独立自主的种子。

（二）亲子拓展活动

在2018年的最后一天，班主任送给孩子们一份特别的新年礼物，在前一天晚上，我在家长群里给每位家长留言：为自己的孩子说句新年祝福语。当孩子们听到自己的爸爸或妈妈的声音时，有些孩子已忍不住偷偷落泪，在忙碌的学习中，能听到自己最亲的人给自己鼓励是何等的幸福。不少爸爸妈妈说的并不是你要努力学习考取好成绩，而是希望孩子能健康成长，成为一个有担当、懂得感恩的学生……

当然，在孩子成长的过程中，爸爸妈妈的陪伴是最长情的告白。说到陪伴，不得不提在学期末进行的从化亲子徒步活动，这个活动完全是由家委会策划和组织完成的。学生和家长按各自的雁队一同前行，没有家长陪伴的学生则由同一雁队的其他家长代为照顾。在15千米的徒步过程中，学生和家长除了要一起走过崎岖的山路，互相扶持，还要解决6个关卡中的问题，这就急需发挥集体的智慧。在解题过程中，有些雁队被难住了，但队员并没有互相埋怨，而是互相鼓励，哪怕是输了也没有半句怨言。这不正是雁文化精神中不抛弃、不放弃的最好的体现吗？

在徒步过程中，我们看到有谈天说地的母女，有始终搭着自己儿子肩膀的父亲。这些场景在学校里是很少能看到的，学生和家长也许就是要一起走过这些崎岖的路，才能看到最美的风景，才能走上康庄大道。在走完全程后，我们的活动也进入了另一个小高潮，每位在场的父母收到自己的孩子写给自己新年的第一封信，信中孩子们回顾了自己父母在过去的2018年为家里所做的一切，更有孩子们对自己父母的新年祝愿，这封充满爱的信，洗去了家长们身心的疲惫，家长们都特别感动，热泪盈眶。在拍大合照的时候，路人也惊叹于我们这个队伍的庞大，每个人都有着阳光般笑容。

（三）家长共同参与的"五立雁文化节"

家校协作教育是指学校和家庭的协作，整合二者的优势力量，实现家校合作，将知识的传授拓展到道德提升、自我完善和社会责任层面，这是一种全面的教育。家校合作的协作育人模式旨在促进青少年的健康成长与发展，有助于促进青少年的情感和社会性发展。

而雁阵文化首先聚焦于团队意识，个体成员在确立同一个明确的目标的前提下，组建队伍，共同为实现目标而奋斗。其实就是告诉我们如何开创一个好的团队，在一个团队里，每个人都是独一无二的，每个个体的才智、潜能都是独特的，故而家校协作教育中要树立人本管理的理念。

在"五立"雁文化理念的指引下对家校协作的教育模式进行实践研究，从而把班级里的个体家庭整合成家长雁行团队，把分散的家长力量扭成一股育人合力，形成了学生建雁队、家长建雁行团队的良好雁文化育人局面。

2018年7月10日，广东省名班主任刘窗洲工作室已成功举办了第一届"五立雁文化节"活动，与会的家长雁行团队自发地汇报总结了前期开展家校协同的工作经验与成效，家长们通过各种形式的协同教育活动积极配合班级育人实践，从而促进青少年学生能健康、全面地发展。

四、雁阵学爸学妈大讲堂

（一）雁爸雁妈教会孩子调节情绪

情绪不稳的中学生比较多，这与他们的年龄特点有关。情绪不稳是指在外界轻微的刺激和影响下，甚至没有明显外界因素刺激时，情绪易产生波动，时而悲伤，时而又喜笑颜开，令人难以捉摸。身心发展失衡导致心智能力无法控制身体，从而产生冲动，使一些中学生闯下大祸，事后常常后悔不迭。

1. 中学生的情绪特点

中学生在情绪表现上出现明显的两极性和矛盾性。随着青春期的到来，中学生在生理上出现了急剧的变化，但心理发展的速度则相对缓慢，心理水平尚处于从幼稚走向成熟的过渡时期，因此充分体现出半成熟、半幼稚的矛盾性特点，情绪的"可变性"与"固执性"共存。

2. 情绪内容

中学生的情绪往往高亢强烈，充满激情，随着学习生活范围的扩大，以及自我意识的高度发展，中学生易发展出多样性的情感。情绪情感内容的社会性日益深刻，道德感、理智感、美感的内容与水平愈益丰富与提高。例如：友谊感迅速增强，出现两性爱情的萌芽。中学生拉帮结派、哥们义气、早恋的现象比较多，这都使他们重新体验了更高层次的人际交往感受。

（1）孤独情绪

孤独是指个人的交往动机、合群需要未得到满足而产生的一种失落的内心体验。其原因有二：一方面，是对自身过于敏感，对自己缺乏了解，自大、以自我为中心，不能很好地理解别人，只会抱怨别人；另一方面，是人际关系不融洽，家庭气氛不和谐，教师的人格缺陷都可能使高中生产生孤独感。中学生正处在交往与闭锁的矛盾期，他们渴望交友，渴望友谊，但他们又常常产生亲子关系、师生关系及同龄伙伴交往的困惑。父母都是爱孩子的，但由于教育方法不当，或是过于啰唆，或是错误的横向比较，或是所谓的"严是爱"，从不给孩子一点儿笑脸，从不当着孩子的面说一句赞扬的话，结果孩子就不能从父母那儿获得尊重。

（2）敌对情绪

敌对是指在个人遭受挫折而引起强烈不满时表现出来的一种强烈的对抗态度。产生敌对的原因，一方面，是不良的家庭和学校的教育方式所致，如父母教育方式粗暴简单；另一方面，是高中生的心理发展正处于突变期，他们的成人感和独立意识增强，不想事事依赖别人，但由于他们的思维简单，情感不稳，调节能力不强，容易与老师发生矛盾与冲突。一些人可能会以敌对情绪来表达不满，一些人则以反抗、敌对情绪来显示自己的独立和坚强，中学生经常接触的流行歌曲、QQ聊天、网络游戏，虽然可以对情绪起到一定的疏导和宣泄作用，但又往往加重了负面情绪的"泛滥"甚至导向敌对。

（3）愤怒情绪

愤怒常常伴随着悲伤、羞耻。大多数人在感到愤怒时，其原始的感受是悲伤和痛苦，中学生往往在自己被误会、欺骗或者因他人的出言不逊、自尊心受损时特别容易出现愤怒的情绪。在与父母的关系中，中学生常因个人自由受限而感到烦恼，为了摆脱父母的干涉而不惜与父母发生争执。中学生发怒一般有以下几方面的原因：一是个性因素，如气质、性格特征所致，二是由错误的认识引发的。一些高中生通过发怒的形式来发泄内心的不满，以发怒来威胁和控制别人，或者要达到一定的目的，然而在实际生活中，发怒者最终都事与愿违，而且会使自己的身心受到影响，最后吃亏的还是自己；三是客观因素，如某些不公平的事情，习惯势力、传统势力、传统意识和观念、权威者的错误言行等。

3. 教孩子学习控制情绪和积极宣泄情绪

让孩子学习控制情绪，首先应尽量做到使孩子在合理范围内有充分表达情绪的权利，因为孩子能够充分地、合理地表达自己的情绪，正是孩子心理发育基本健康的标志。但他们毕竟是孩子，其情绪的表达方式难免会有偏颇，有时会发生对自己和他人都不利的情绪过激现象，例如：孩子因发脾气与别的孩子发生争吵，甚至打架，可能伤害了自己也伤害了对方，对长辈和老师发脾气则是不礼貌的行为，或者脾气暴躁、摔砸物品等都是不合情理的。遇到这些情况时，父母不应视而不见，而要采取一致意见对其进行严厉制止，让孩子知道发泄情绪也应有一定的界限，自己发泄情绪不应损害别人的利益和损害物品。孩子长大一些时，则尽量鼓励孩子用语言表达自己的情绪，告诉他遇到问题时要讲道理、说缘由，而不要动不动就胡闹、发脾气。

以清静、雅致的态度平息心头的怒气、排解沉重的压抑，良好的情绪有利于孩子的智力开发，积极的情绪对孩子的个性形成可以起到良好的促进作用。教育孩子察觉情绪、控制情绪、积极宣泄情绪的渠道：

（1）让孩子察觉自己真实的情绪

遇到孩子情绪失控的时候，让他讲出"我现在是什么样的情绪"。例如：因为同伴失约而和同伴吵架，问问孩子为什么这么做、现在有什么感觉，告诉孩子，人都会有情绪，压抑情绪反而会带来不好的结果，学着体察自己的情绪是进行情绪管理的第一步。

（2）让孩子适当表达自己的情绪

如同伴失约这件事，可以让孩子告诉同伴，他的失约带给自己什么感受。适当地表达自己的情绪也是一门艺术，需要用心体会、揣摩，并学会应用到生活中，而他人产生情绪时，要先倾听对方的理由。若仍有不解或生气的地方要向对方澄清，可以跟对方说"我感到……"，而不是"都是你的错"，这样的表达方式可以促进双方的沟通，而非惹怒对方。

（3）家长要有同理心

这也是最重要的一点，要了解孩子的情绪并接纳这种情绪。接纳并不是要家长同意这种情绪，而是允许孩子有产生情绪的权力，家长可以了解孩子的情绪，从他的立场去体会他的感受。

（4）让孩子以合适的方式排遣情绪

排遣情绪的方法有很多，目的是给孩子一个理清想法的机会，让孩子的心情平和一些，也更有能量去面对未来。那么，怎么做才能降低孩子的不愉快感？这么做会不会给孩子带来更大的伤害？从这几个角度出发，选择适合孩子且能有效缓解情绪的方式，就能帮助孩子很好地控制情绪。

（5）让孩子积极宣泄情绪

这是孩子向外界表达自己内心真实感受的一种方式，作为家长，不仅希望孩子能够在学业上有所进步，也希望自己的孩子能够身心健康。家长要引导孩子去表达自己的内心感受，去宣泄自己内心的不良情绪。宣泄渠道不通、宣泄方法不当就会产生心理疾病，负面情绪会使人的思维变得狭窄而迟钝，容易产生固执、偏激的行为，缺乏对行为后果的预见性，应该及时予以宣泄。

① 娱乐是宣泄的良药。建议家长去做一些孩子平时喜欢做的事，如看电视、看电影、K歌、听音乐、跳舞，甚至上网打游戏等。欣赏音乐可以让人得到放松，美妙的音乐会使人进入诗一般的幻境，并激发起向上的追求，它会让人积极地去理解和肯定人生，让生活更加充实；唱歌从来就是解除紧张、激愤情绪的有效手段；舞蹈的造型感和节奏感能激发起人们深刻的审美意识和丰富的情感体验；网络上的一场游戏激战，无论胜败都一样可以转移人的注意力。

② 环境转移积极有效。通过无意或刻意的方式，可以让孩子转移到一个安静平和的环境中去，避免接触强烈的环境刺激，减少类似环境对孩子心理和生理上的不良刺激影响，形成积极的心理暗示，以排除消极的不良影响。

③ 培养耐心是克制情绪的最佳方法。平时对孩子进行一些培养耐性的训练，可以结合孩子的兴趣、爱好，让其选择练字、绘画、制作精细的手工艺品等几项需要静心、细心和耐心的事情来做，这是培养其耐性的很奏效的办法。

④ 找人闲聊，向朋友倾诉是良方。家长要告诉孩子这样一个道理："如果你把快乐告诉一个朋友，将有两个人分享到快乐；你把忧愁向朋友倾诉，你将被分掉一半忧愁。"注意孩子是否有倾诉的对象和是否有倾诉的场合，因为青春期的孩子主要是向朋友倾诉，而不是向老师与家长倾诉，对着最信赖的朋友，他们会和盘托出心中的恐惧、痛苦、烦闷、苦恼或担忧，这样，可以减轻其心理负担，这时，家长就要理解孩子，甚至有时要有意无意地制造其与朋友的沟通。

⑤ 哭一场也能立即奏效。短时间内的痛哭是释放不良情绪的最好的办法，是心理保健的有效措施。哭泣被心理学称为"自然的安全阀"，是上天赋予我们的情感表达的方式。有专家研究认为，人在哭泣时，眼泪可以促使人在

紧张、痛苦、悲哀时所产生的有害毒素排出体外，可以起到缓解心理紧张的作用。如果人在该哭的时候不哭，强把眼泪往肚子里咽，不让眼泪流出来，必然会承受巨大的心理压力，从而会产生忧郁、苦闷、压抑、悲伤等消极情绪。因此，有泪就应该让它自然地流出来。

⑥ 散步、参加体育活动，释放能量。剧烈的活动可以把体内积聚的"能量"释放出来，使郁积的怒气和其他不愉快的情绪得到宣泄，从而改变消极的情绪状态。有的孩子对着被子练拳击（他们没有大人那么好的条件去健身房打木人）、撕烂一大堆废纸、拼命地跑步，建议孩子做任何不伤害他人又让自己觉得"痛快"的运动。

⑦ 咨询心理辅导老师和心理医生。

⑧ 反向思维的自我疏导是最高境界的调节情绪的方法。最好要学会情绪的积极转移，主观上改变刺激的含义，从而将不良情绪变为积极情绪。在遇到冲突、矛盾和不顺心的事时，不一味地逃避，宣泄调整过后，学会处理矛盾的方法，用反向思维，让自己冷静下来，找到自身的不足，并加以克服。

（二）雁爸雁妈教会孩子高效学习法

1. 思维导图学习法

思维导图对于学习掌握新的知识和技能有着卓著的帮助，如何在实际的学习过程中，帮助孩子提高学习的效率和成绩，简述如下：

（1）把课堂和书本的知识，用思维导图整理好或作为学习笔记。

（2）临近考试时，把学习笔记进行小结，并制成思维导图。

（3）然后把思维导图上色，突出重点。

（4）给每门功课单独制作一张巨大的、总的思维导图，还可以在每门课程各章节中插入一些事例，以帮助自己加强记忆。通过这种方式，就能弄清一些更详细的内容是在何处以何种方式连接起来的。

（5）坚持每周复习一次思维导图，越临近考试就要越有规律。

（6）试着不看书或者其他的任何笔记来回忆思维导图，并简要地画出自己所能记忆的知识，以及对这门课程的理解的思维导图。

（7）再进一步做整理和修正，对于还未掌握好的那部分的记忆，需要加强复习。

考试注重考查两个因素：知识点、题型（解题思维）。对于成绩优异的孩子，他们不仅可以通过模块化的回想说出相应的知识点，同时也可以结合对应的知识点说出对应的经典的题型，甚至是自我编写习题。这一类孩子在考试时，看到的每一个考题都比较熟悉，并能快速地梳理出解题思路，结合知识点进行答题。因为学习成绩优异的孩子，其头脑中已经有了清晰的知识框架，在每一次听课、每一次练习中都是在完善原有的知识框架，所以成绩会有所提升。

2. 根据孩子的个性定制个性化的学习方法

你家孩子性格是偏向外倾型里还是内倾型，从十几年的教育经验中，并借助学校心理老师或心理指导师，基本就能知道结论，根据孩子个性定制学习方法。

（1）外倾型性格

① 应养成好学深思的学习习惯。一般来说，外倾型的人遇到问题喜欢向别人请教。但由于相信自己领会得比较快，常常会觉得自己已经懂了，而其实也并非真懂。所以，这一类型的人理解问题常常比较片面。这种类型的学生最好能养成好学深思的学习习惯，凡事多问几个为什么。

② 发现错误要及时改正。外倾型的人对分数一般不太在乎，因此也常常不能认真改正错误，这类学生常常会出现多次犯同一个错误的情况。对于此类错误，最好的预防办法是：每次做错题，都要在专门的记错本上改正过来；每次考试前都仔细复习一下。

③ 改变书房气氛。例如：把窗帘、四壁的颜色统一改换为浅蓝色，会有利于孩子集中精力，避免因为周围的气氛无常和自己的心情变化而分散其注意力。

④ 以分散学习法为主。由于他们的情绪波动比较快，超过一小时的学习对他们来说，效果不会太好。因此，最好是每门功课的学习不超过30分钟。其间，最好休息5～10分钟。

⑤ 有一部分外倾型的孩子，由于精力比较旺盛，常常同时干两件事。这样只会使其本来就容易分散的精力更易分散。所以，一定要尽量避免其"一心二用"。

⑥ 要使他们养成看书的习惯。可从他们比较感兴趣的书籍入手。此外，还可以培养他们对竞赛类游戏的兴趣。这样会有利于培养他们集中精力和思考问题的能力。

⑦ 学习要均衡。即每天保证一定的学习时间，但每天都不要学习很长时间。

⑧ 对这一类型的孩子而言，表扬比批评更为有效。

⑨ 在孩子学习时，家长一定要保持安静，尽量不要让他们分心。

（2）内倾型性格

① 要加强心理健康教育。这种孩子经常为琐事烦恼。生活中一点点小事也会让他们烦心，这必然会极大地干扰他们的学习。所以，最好让他们经常参加竞赛活动，以锻炼其心理承受能力。

② 内倾型性格的人一般都比较自卑，而自卑会导致焦虑，从而影响学习。因此，最好能让其从比较容易的学习内容开始。

③ 此类孩子一般都比较容易产生焦虑情绪，这会有害其身心健康。所以，一定要让其注意锻炼身体。另外，通过体育活动，还可以使孩子反复体验到胜败的感觉，逐渐懂得"胜败乃兵家常事"的道理。

④ 这类孩子经常因为害怕失败而中途放弃，以致常常延误了大好时机。所以，一定要让他们制订学习计划，并鼓励他们坚持到底。

⑤ 由于他们一般都心胸狭隘，所以，有必要培养他们多方面的兴趣，以增强其信心，开阔其视野。

⑥ 有一些内倾型性格的孩子会觉得稍不用功学习成绩便会直线下降，所以，什么时候都很紧张，一天到晚只知道学习，而学习成绩却总上不去。这种孩子一般自制力都比较强，家长和老师应帮他们制订一个有张有弛的学习计划，而他们一般都会严格执行的。例如：家长可以给他们规定，一天中，某一段时间一定要用于体育锻炼，或主动带他们去游玩等。务必要让其得到适当的休息。

⑦ 自卑型性格的孩子，其心理总是处于"自己一定错了"的状态中。他们遇到挫折后很难释怀。对于这类孩子，可以多让他们阅读古今人物传记，以激发他们的雄心壮志。同时，教师和家长还应该劝导他们，告诉他们世界上有很多伟人幼年时也曾因深感自卑而苦恼过，但他们在克服自卑的过程中却练就了无与伦比的卓越个性和才华。但从另一方面而言，只有感到自卑的人才能取得进步。因此，对于这类孩子，家长一定要给予更多的关怀和爱护，对其经常给予鼓励。

⑧ 制订易于成功的目标。有些孩子在制订计划后屡遭挫折，便认为自己是个失败者。其实，世界上没有绝对的胜利者，也没有绝对的失败者。有些学生的学习成绩已经很好了，但他总是觉得不太好。其他同学常常会误会他们，认为他们是虚伪的。其实不然，他们的失败感产生于对自己所取得成绩的不满意。所以，对于本来就有自卑感的人来说，在制订学习目标时，目标一定要低一些。

⑨ 家长一定不要在别人面前批评这类内倾型性格的孩子。因为这类孩子对自己在别人心目中的形象非常在意，对自己遭到的指责会久久难以释怀。另外，最好不要把他们与别人进行比较，例如：让他们向某某学习等，这除了让他们觉得十分不快外，并毫无其他用处。

其实，生活中典型的内倾型和外倾型的人都只占极少数，绝大多数人属于混合型的人，家长和老师可以从这些建议中挑选适合孩子情况的作为参考使用即可。

第七节 雁翔课程——注力于研究生涯规划教育

新时代需要培养什么样的学生？我们应该为社会输送怎样的人才？这些问题在当代教育中越发凸显，我们并不只是培养死读书、浸题海的学生，而是要让学生学会为自己的学习、生活、工作负责，学会独立思考，学会培养自我管理、解决问题、团队合作、职业沟通、创新创造等能力。因此，让学生现在懂得为自己做好生涯规划，将来为"能乐业、能勤业、能专业、能创业、能建业"夯实基础，这种对学生进行职业生涯规划教育并设计循序渐进的精品课程显得越来越重要。

在中小学开展生涯规划教育，应以发挥学生天赋才能为目标，重点放在人的全部生涯上，使个体从幼年到成年能逐渐形成自我引导的能力，最终旨在让每一名学生选择适合自身特点的以事业为主的美满的生活，使个体心理的多个方面得到最佳状态的全面发展。

随着社会的发展，知识的更新，社会分工的精细，工作对个人来说不只是维持生存的基本需要，而是要追求更高层次的社会和心理的满足。工作和人的关系，由以前的为生活而工作，发展为工作即生活。工作的选择也是生活方式的选择，工作不再只是赚钱的手段。因此，有必要进行生涯规划，而从小培养学生生涯规划的理念和能力就显得很重要。

一、生涯规划教育的内涵

生涯（career）指个人一生的道路或进展途径，它不仅止于工作或职业，还包括事业、前程、生计、爱情、家庭、休闲等方面，它包含一个人在其一生中所从事的一系列与个人工作生涯有关的所有活动。生涯是一个人选择并透过他的工作或专业、生命去追求人生价值的课题。生涯的发展是个人终其一生所扮演角色的整个过程，通常被视为与工作有关的个人成长、学习和发展过程。

生涯规划是以人生命历程中的事业生涯发展为核心，关心个体一生当中的教育、职业，并涉及与教育、职业有关的生存角色的选择与发展。

生涯规划的观念认为：

（1）每一项职业对社会都有独特的贡献。

（2）相信事业是生命的一个重要部分，每个人都有一个寻求生命意义和方向的动力，即追求梦想与理想。

（3）要求我们探索过去、现在和将来。回顾过去，可以寻找阻碍我们成长的经历，重建自我的信心，把握现在的状态，为将来制定短期和长期的目标。

（4）应该探讨一生中的不同角色，这些角色之间的相互关系和影响，如事业目标与人生角色的互动作用，透过规划不同的生命角色，才能迈向多元的人生目标。

（5）相信生命的意义和目标可以在不同的活动领域中实现（如工作、学习、休闲）。

（6）探索自己、认识自己的需要、技能、价值观和兴趣，了解自己是什么、需要什么。

（7）个人在事业规划过程中，对社会环境须仔细考虑可控制因素与不可控制的因素。

（8）相信生涯规划的技巧和方法可以从适当的辅导与教育中学习获得。

美国的Super等人经研究发展了生涯规划理论，其理论认为生涯是一个持续不断地、有特定年龄阶段的发展过程，并把一生的生涯发展划分为五个阶段。除此之外，他把生涯发展看作由三个层面所构成，它们是时间、个人的年龄和生命的时程。生涯发展又可细分为成长、探索、建立、维持、衰退五个发展阶段。广度或范围方面指的是每个人一生所扮演的各种不同的角色，如小孩、学生、公民、家长、工作者、领导者等。深度指的是个体扮演的每一个角色所投入的程度。

生涯规划教育理论认为：

其一，人的生涯发展是一个持续的终身发展的过程，绝不是到了从学校毕业或选择工作时才有这个需要。因此，从小开始建立学生适当的生涯观念，才能实现生涯发展的目标。为了实现这一目标，学校的生涯辅导与教育应从小学到大学持续地进行，贯穿在一个持续的过程中。应面向所有的学生，让每一名学生获得充分的受益。这应是学生生命活动的全方位，而不仅仅是针对课堂学习与学业成就。

其二，在生涯规划的辅导与教育中，始终触及的是心理的因素，如自我、人生观、价值观、自我功效感、自信、性格等；与学生心理发展有关的成长经历，如自我概念的建立、失败的体验与经验、家庭中的亲子关系等；学生生涯规划能力的建立与培养所涉及的心理因素，如认知能力、人际交往能力等，因而，生涯规划教育的视角应指向综合性的心理教育。

二、基于"雁阵效应"的职业生涯规划教育

新时代应该培养什么样的学生？我们应该为社会输送怎样的人才？这些问题在当代教育中越发凸显，我们并不只是培养死读书、浸题海的学生，而是要让学生学会为自己的学习、生活、工作负责，学会独立思考，培养学生学会自我管理、解决问题、团队合作、职业沟通、创新创造等能力。因此，让学生懂得为自己做好生涯规划，对于学生进行职业生涯规划教育显得越来越重要。

职业生涯规划看似是强调对学生个体的教育，学生个人对自己的生涯进行规划，而在一个班级里，每个人都是独一无二的，每个人的才智、潜能都是独特的，在这个班级团队中，如何将其个体优势发挥出最好的一面，这是"雁阵效应"的班级雁队管理的着力点，与职业生涯中的"自我评估""个人特点与职业需求匹配，寻求最佳发展路线"的导向点不谋而合。那么，究竟什么是"雁阵效应"的班级管理内涵？职业生涯规划的普适步骤与方法是什么？两者的共通点应该怎么进行结合？"雁阵效应"在职业生涯规划教育中又给我们带来哪些启发呢？

（一）"雁阵效应"班级管理的内涵

雁群在天空中飞翔，一般都是排成"人"字阵或"一"字斜阵，并定时交换左右位置。生物专家们经过研究后得出结论，即雁群这一飞行阵势是它们飞得最快、最省力的方式。因为它们在飞行中，后一只大雁的羽翼能够借助于前一只大雁的羽翼所产生的空气动力，使飞行省力。一段时间后，它们交换左右位置，目的是使另一侧的羽翼也能借助于空气动力缓解疲劳。管理专家们将这种有趣的雁群飞翔阵势原理运用于管理学的研究，将其形象地称之为"雁阵效应"。

"雁阵效应"给予我们在班级管理中的启示是：当班主任采用"小组合作"模式进行班级管理时，包括小组合作学习模式、小组合作德育模式等，这时班级小组雁队的灵魂——齐心协力、乐于助人、集体荣誉感则可以得到最大限度地发挥。

（二）职业生涯规划的普适步骤与方法

1. 确立志向

立向是人生的起跑点，反映着一个人的抱负、胸怀、情趣和价值观，影响着一个人的奋斗目标及成就。

2. 自我评估

自我评估的主要内容为个人相关的所有因素，包括兴趣、性格、能力、特长、学识水平、潜能、思维方式、价值观、情商、道德水准，以及组织管理、协调、活动能力。

3. 外部环境分析

外部环境分析包括对社会政治环境、经济环境、组织（企业）环境和社会关系的分析，即评估和分析环境条件的特点、发展与需求变化趋势、自己与环境的关系，以及环境对自己的有利条件与不利条件等。

4. 选择职业

使自己的性格、气质、兴趣、能力与职业相吻合。

5. 目标的确立

职业生涯目标的确定，是指可预想到的、有一定实现可能的最长远目标，包括人生目标、长期目标、中期目标和短期目标。一般来说，我们首先可以根据个人素质与社会大环境条件确定人生目标和长期目标，然后通过目标分解，分化为符合组织需要的中期目标和短期目标。

6. 确定职业生涯路线

当选定职业后，为了实现职业目标和职业理想所选择的路径，确定路线后问自己：我向往哪一条路线发展？我适合往哪一路线发展？我可以往哪一路线发展？

7. 制订行动计划与措施

这里指的是具体措施，主要包括工作、训练、教育、轮岗等方面的措施。

8. 反馈与评估

要使生涯设计行之有效，就需要不断地对生涯设计进行评估与修正。其修正的内容包括：职业的重新选择、生涯路线的选择、人生目标的修正、实施措施与计划的变更等。

（三）"雁阵效应"与职业生涯规划教育的结合

1. 雁阵的迁徙与个人的生涯发展

大雁每年南飞与北飞的"生命迁徙之旅"可谓历尽千险，不但要经历风雨雷电雪霜，还要时刻面对各种天敌，但总能成功迁徙。正如个人的生涯发展，无论阴晴雨雪、风雨彩虹后，我们都会朝着自己的目标与理想前进。

2. 雁阵中发挥每个个体的独特性与生涯规划中的自我评估

一般学生对个人职业生涯规划的认识和了解还停留在"制订计划"的概念上。其实，职业生涯规划的重点是了解自己和职业环境。具体生涯规划的工具有SWOT（S—优势，W—劣势，O—机会，T—威胁）分析表和职业决策平衡表，其核心就是认清自我的优、劣势，并根据自己的特点与职业对人才的要求进行匹配，一次寻求最佳发展路线。每个人都是独一无二的，每个人的才智、潜能都是独特的，在这个班级团队中如何将其个体优势发挥出最好的一面，这也是"雁阵效应"的班级雁队管理精神。在这个维度上，两种核心思想不谋而合。

3. 发挥雁阵团队协作的力量与小组合作学习模式互探

"雁阵效应"给予我们在班级管理中一些启发：大雁编队飞行产生一种空气动力学的作用，一群编成"人"字队形飞行的大雁，要比具有同样能量而单独飞行的大雁多飞70%的路程，也就是说，编队飞行的大雁能够借助团队的力量飞得更远——协同会增加70%的力量。

大雁的叫声热情十足，能给同伴鼓舞，大雁用叫声鼓励飞在前面的同伴，使团队保持前进的信心——协调会增强组织的自信心和凝聚力。

当一只大雁脱队时，会立刻感到独自飞行的艰难迟缓，所以会很快回到队伍中，继续利用前一只大雁造成的浮力飞行——协调具有吸附力。

一个队伍中最重要的是领头雁。当领头的大雁累了，会退到队伍的侧翼，另一只大雁会取代它的位置，继续领飞——协调重在配合。

雁阵的团队协作模式也给我们在学生个人职业生涯规划的教育中带来一些

启发，并进行了一系列探索。职业生涯规划看上去是个人的事，与团队无关，然而在一些环节的学习当中，用小组合作模式进行学习，则更能充分发挥学生的学习主动性与积极性。

具体探索如下：

（1）分享目标，建立团队

每名同学为自己确立志向，老师根据同学们的志向进行汇总分类，创建"小雁队组"。在小组内，每名同学的志向相类似，让同学们更有归属感及学习探索的共同话题，以增强学习的凝聚力。

（2）雁友互评互助，在团队中可以更好地"照看"自己

职业生涯规划的步骤二也是很重要的一个步骤，就是自我评估。世界上最难认识的其实就是自己，而认识自己有很多方法，包括专业职业测评，以及他人的评价。在团队中，每一位"雁友"都是一面很好的镜子。在自我评估的探索中，我们可以设置"他评"的活动及环节，让每一名同学在团队中、在雁友的互动与评价中更好地"照看"自己，以了解自己的性格、特点。

（3）雁队共同合作，制订调查计划

在进行自我评估后，就是要对环境进行评估，了解职业所需人才的能力与素质，与自我进行匹配，这时就能充分地发挥雁队作用。小组共同设计调查问卷，然后分组对各自的职业目标的环境进行调查、取证，调查方向包括对职业工作环境的了解、职业前景的发展、国内外的职业状况及趋势、现在的工作薪酬及福利水平等情况。雁队成员共同对数据进行汇总、分析，了解所选职业对人才能力、素质的需求方向，检视其与自身特质的匹配程度。

（4）小组学习"导师制"，发挥领头雁的作用

联系已从事各行业的优秀毕业生或师兄、师姐作为"课外指导员"，回校分享自己在所在行业遇到的状况、问题、瓶颈及取得的成就，指导雁队成员如何就自己的实际情况选择适合自己的职业目标，根据之前的自我评估及环境评估，指导雁队成员完成《我的SWOT分析表》及《霍兰德职业倾向测验量表》，并完成《职业生涯决策平衡表》，雁友们在领头雁的指导下确定自己的职业发展路线。

（5）雁队成员互相监督、互相督促、互相帮助，完成个人职业生涯规划

确定自己的职业发展路线后，开始制订个人的计划实施方案，包括短期

目标、中期目标及长期目标，制订具体可行的目标与计划，最后是对职业生涯规划进行评估与调整，虽然职业规划是在毕业后、就业中得以执行及对照，然而，在短期目标也包括学生在校园中的校园规划，例如：为了获得我在以后的职位中所需要具备的素质与能力，我在校期间应该如何进行有针对性的学习、培训与社团活动，去提升自己在这方面的技能。而在此时，雁队成员就可以根据队员的不同表现给予反馈与规划的修订意见，在反馈中既给予雁队同伴的帮助，也对自己的规划有所启发，达到互相监督、互相督促、互相帮助，进而共同完善，达到雁队成员的共同进步。

以上途径通过不同的策略与方式来实现。举例如下：生涯档案、交互式游戏、主题探索、班级辅导、成长营、实地参观与采访、现场实作、角色扮演、表演、亲师合作、生涯博览会、工作日、辩论、分享、访问晤谈、自由联想、脑力激荡等。在实施生涯规划教育的过程中，应该采取多样化且结合校内外资源的做法，相互沟通协调，结合校内外的活动与计划一起进行，以达到资源共享的目的。

四、雁阵特色的生涯规划预设路线

个人职业生涯规划是每一名同学在自我评估、环境评估后，在人职匹配测试中确定职业目标及发展路线，并为之制订的计划实施方案，对学生进行职业生涯规划教育，有助于学生更好地探索自己，探索就业与职业环境，为将来走入社会打好基础，"雁阵效应"的班级管理理念有助于班级在各个团队的带领下发挥个体最大的作用，在雁队成员的互评互助下更好地了解自己，在领头雁的带领和帮助下更好地了解职业环境，最后在整个雁队的互相督促与帮助下共同完善，使职业生涯规划教育的效果最大化。

借鉴雁阵实施"生命迁徙"旅途的团队协作模式，雁翔千里的"弘毅拼搏"的精神，我们在指导学生职业生涯规划的教育实践中得到了许多启发，并进行一系列探索。每位雁队成员根据自我评估及环境评估，完成《我的SWOT分析表》《霍兰德职业倾向测验量表》及《职业生涯决策平衡表》，进而雁队成员在职业生涯规划导师、领头雁的共同商榷与指导下确定自己的职业发展预设路线。

（一）雁队同学完成《霍兰德职业倾向测验量表》

霍兰德职业倾向测验量表

姓名：_____ 性别：_____ 年龄：_____ 年级：_____ 日期：_____

本测验量表将帮助您发现并确定自己的职业兴趣和能力特长，从而可以更好地帮助我们作出求职择业或专业选择的决策。

本测验共分7个部分，每部分测验都没有时间限制，但请你尽快按要求完成。

第一部分：你心目中的理想职业（专业）

对于未来的职业或升学进修的专业，你得早有考虑，它可能很抽象、很朦胧，也可能很具体、很清晰。不论是哪种情况，现在都请你把自己最想干的3种工作或想读的3种专业，按顺序写下来，并说明理由。请在所填职业/专业的右侧按其在你心目中的清晰程度或具体程度，按从很朦胧/抽象到很清晰/具体分别用1、2、3、4、5来表示，如得5分表示它在你心中的影像非常清晰。

一、职业/专业：_____

清晰/具体程度：_____

理由：_____

二、职业/专业：_____

清晰/具体程度：_____

理由：_____

三、职业/专业：_____

清晰/具体程度：_____

理由：_____

以下第二、三、四部分每个类别下的每个小项皆为"是"或"否"的选择题，请选出比较适合你的或与你的情况相符的项目，并按有一项适合的计1分的规则统计分值，将相应分值填写在第六部分的统计项目中。

第二部分：你所感兴趣的活动

下面列举了若干种活动，请就这些活动判断你的喜好。喜欢的计1分，不喜欢的不计分。

请将答案直接写在第5页的答题纸上。

187

R：实际型活动统计（ ）	S：社会型活动统计（ ）
1. 装配修理电器或玩具	1. 单位组织的正式活动
2. 修理自行车	2. 参加某个社会团体或俱乐部活动
3. 用木头做东西	3. 帮助别人解决困难
4. 开汽车或摩托车	4. 照顾儿童
5. 用机器做东西	5. 出席晚会、联欢会、茶话会
6. 参加木工技术学习班	6. 和大家一起出去郊游
7. 参加制图描图学习班	7. 想获得关于心理方面的知识
8. 驾驶卡车或拖拉机	8. 参加讲座会或辩论会
9. 参加机械和电气学习班	9. 观看或参加体育比赛和运动会
10. 装配修理机器	10. 结交新朋友
I：调查型活动统计（ ）	**E：事业型活动统计（ ）**
1. 读科技图书或杂志	1. 鼓动他人
2. 在实验室工作	2. 卖东西
3. 改良水果品种，培育新的水果	3. 谈论政治
4. 调查了解土和金属等物质的成分	4. 制订计划、参加会议
5. 研究自己选择的特殊问题	5. 以自己的意志影响别人的行为
6. 解算术或数学游戏	6. 在社会团体中担任职务
7. 物理课	7. 检查与评价别人的工作
8. 化学课	8. 结交名流
9. 几何课	9. 指导有某种目标的团体
10. 生物课	10. 参与政治活动
A：艺术型活动统计（ ）	**C：常规型（传统型）活动统计（ ）**
1. 素描/制图或绘画	1. 整理好桌面与房间
2. 参加话剧/戏剧	2. 抄写文件和信件
3. 设计家具/布置室内	3. 为领导写报告或公务信函
4. 练习乐器/参加乐队	4. 检查个人收支情况
5. 欣赏音乐或戏剧	5. 打字培训班
6. 看小说/读剧本	6. 参加算盘、文秘等实务培训
7. 从事摄影创作	7. 参加商业会计培训班
8. 写诗或吟诗	8. 参加情报处理培训班
9. 进艺术（美术/音乐）培训班	9. 整理信件、报告、记录等
10. 练习书法	10. 写商业贸易信

第三部分：你所擅长的活动

下面列举若干种活动，请选择你能做或大概能做的事。

请将答案直接写在第5页答题纸上。

R：实际型能力统计（　　）	S：社会型能力统计（　　）
1. 能使用电锯、电钻和锉刀等木工工具	1. 有向各种人说明解释的能力
2. 知道万用电表的使用方法	2. 常参加社会福利活动
3. 能够修理自行车或其他机械	3. 能和大家一起友好地相处
4. 能够使用电钻订、磨床或缝纫机	4. 善于与年长者相处
5. 能给家具和木制品刷漆	5. 会邀请人、招待人
6. 能看建筑设计图	6. 能简单易懂地教育儿童
7. 能修理简单的电器用品	7. 能安排会议等活动顺序
8. 能修理家具	8. 善于体察人心和帮助他人
9. 能修理收录机	9. 帮助护理病人和伤员
10. 能简单地修理水管	10. 安排社团组织的各种事务
I：调研型能力统计（　　）	E：事业型能力统计（　　）
1. 懂得真空管或晶体管的作用	1. 担任过学生干部并且干得不错
2. 能够列举三种蛋白质多的食品	2. 工作上能指导和监督他人
3. 理解铀的裂变	3. 做事充满活力和热情
4. 能使用计算尺、计算器、对数表	4. 有效利用自身的做法调动他人
5. 会使用显微镜	5. 销售能力强
6. 能找到三个星座	6. 曾作为俱乐部或社团的负责人
7. 能独立进行调查研究	7. 向领导提出建议或反映意见
8. 能解释简单的化学现象	8. 有开创事业的能力
9. 能理解人造卫星为什么不落地	9. 知道怎样做能成为一位优秀的领导者
10. 经常参加学术会议	10. 健谈善辩
A：艺术型能力统计（　　）	C：常规型能力统计（　　）
1. 能演奏乐器	1. 会熟练的打印中文
2. 能参加二部或四部合唱	2. 会用外文打字机或复印机
3. 独唱或独奏	3. 能快速记笔记和抄写文章
4. 扮演剧中角色	4. 善于整理保管文件和资料
5. 能创作简单的乐曲	5. 善于从事事务性的工作
6. 会跳舞	6. 会使用算盘
7. 能绘画、素描或书法	7. 能在短时间内分类和处理大量文件
8. 能雕刻、剪纸或泥塑	8. 能使用计算机
9. 能设计板报、服装或家具	9. 能搜集数据
10. 能写一手好文章	10. 善于为自己或集体做财务预算表

第四部分：你所喜欢的职业

下面列举了多种职业，请认真看后选择你有兴趣的工作，有一项计1分，不太喜欢或不关心的工作不选、不计分。

请将答案直接写在第5页答题纸上。

R：实际型职业统计（ ）	S：社会型职业统计（ ）
1. 飞机机械师	1. 街道、工会或妇联干部
2. 野生动物专家	2. 小学、中学教师
3. 汽车维修工	3. 精神病医生
4. 木工	4. 婚姻介绍所工作人员
5. 测量工程师	5. 体育教练
6. 无线电报务员	6. 福利机构负责人
7. 园艺师	7. 心理咨询员
8. 长途公共汽车司机	8. 共青团干部
9. 电工	9. 导游
10. 火车司机	10. 国家机关工作人员
I：调研型职业统计（ ）	**E：事业型职业统计（ ）**
1. 气象学或天文学家	1. 厂长
2. 生物学家	2. 电视制片人
3. 医学实验室的技术人员	3. 公司经理
4. 人类学家	4. 销售员
5. 动物学家	5. 不动产推销员
6. 化学家	6. 广告部长
7. 教育学家	7. 体育活动主办者
8. 科学杂志的编辑或作家	8. 销售部长
9. 地质学家	9. 个体工商业者
10. 物理学家	10. 企业管理咨询人员
A：艺术型职业统计（ ）	**C：常规型职业统计（ ）**
1. 乐队指挥	1. 会计师
2. 演奏家	2. 银行出纳员
3. 作家	3. 税收管理员
4. 摄影家	4. 计算机操作员
5. 记者	5. 簿记人员
6. 画家、书法家	6. 成本核算员
7. 歌唱家	7. 文书档案管理员
8. 作曲家	8. 打字员
9. 电影电视演员	9. 法庭书记员
10. 电视节目主持人	10. 人员普查登记员

第五部分：你的能力类型简评

下面两张表是你在6个职业能力方面的自我评定表。你可以先与同龄人比较出自己在每一方面的能力，斟酌后对自己的能力作出评估。请在表中适当的数字上画圈，数值越大表明你的能力越强。

注意：请勿画同样的数字，因为人的每项能力不会完全一样。

表A：

R型	I型	A型	S型	E型	C型
机械操作能力	科学研究能力	艺术创作能力	解释表达能力	商业洽谈能力	事务执行能力
7	7	7	7	7	7
6	6	6	6	6	6
5	5	5	5	5	5
4	4	4	4	4	4
3	3	3	3	3	3
2	2	2	2	2	2
1	1	1	1	1	1

表B：

R型	I型	A型	S型	E型	C型
体育技能	数学技能	音乐技能	交际技能	领导技能	办公技能
7	7	7	7	7	7
6	6	6	6	6	6
5	5	5	5	5	5
4	4	4	4	4	4
3	3	3	3	3	3
2	2	2	2	2	2
1	1	1	1	1	1

第六部分：统计

测试内容		R型 实际型	I型 调研型	A型 艺术型	S型 社会型	E型 事业型	C型 常规型
第二部分	兴趣						
第三部分	擅长						
第四部分	喜好						
第五部分A	能力						
第五部分B	技能						
总分							

请将上表中的6种职业倾向总分按大小顺序依次从左到右进行排列：

_____型_____型_____型

_____型_____型_____型

第七部分：你所看重的东西——职业价值观

这一部分测验列出了人们在选择工作时通常会考虑的9种因素（见所附工作价值标准）。现在请你在其中选出最重要的两项因素，并将其填入下面相应的空格内。

最重要：_____　次重要：_____　最不重要：_____　次不重要：_____

附：工作价值标准

1. 工资高，福利好

2. 工作环境（物质方面）舒适

3. 人际关系良好

4. 工作稳定，有保障

5. 能提供较好的受教育机会

6. 有较高的社会地位

7. 工作不太紧张，外部压力少

8. 能充分发挥自己的能力特长

9. 社会需要与社会贡献大

（二）整理雁队同学的《霍兰德职业倾向测验量表》

高一（×）班《霍兰德职业倾向测验量表》（按学号排序）

学　号	NO.1	NO.2	NO.3
1	I研究型	E企业型	S社会型
2	R现实型	I研究型	S社会型
3	S社会型	R现实型	S社会型
4	R现实型	I研究型	C常规型
5	I研究型	R现实型	A艺术型
6	A艺术型	R现实型	I研究型
7	I研究型	A艺术型	C常规型
8	S社会型	R现实型	C常规型
9	I研究型	R现实型	S社会型
10	A艺术型	I研究型	S社会型
11	A艺术型	C常规型	E企业型
12	R现实型	A艺术型	I研究型
13	R现实型	I研究型	A艺术型
14	I研究型	E企业型	R现实型
15	A艺术型	R现实型	E企业型
16	R现实型	S社会型	I研究型
17	E企业型	I研究型	R现实型
18	A艺术型	E企业型	C常规型
19	E企业型	R现实型	A艺术型
20	C常规型	R现实型	A艺术型
21	E企业型	S社会型	R现实型
22	I研究型	R现实型	A艺术型
23	I研究型	E企业型	R现实型
24	A艺术型	S社会型	E企业型
25	A艺术型	R现实型	C常规型
26	I研究型	S社会型	A艺术型
27	C常规型	E企业型	R现实型
28	E企业型	I研究型	C常规型

续表

学　号	NO.1	NO.2	NO.3
29	I研究型	S社会型	E企业型
30	I研究型	S社会型	C常规型
31	R现实型	A艺术型	S社会型
32	C常规型	R现实型	E企业型
33	I研究型	C常规型	A艺术型
34	E企业型	A艺术型	I研究型
35	A艺术型	S社会型	C常规型
36	C常规型	A艺术型	E企业型
37	I研究型	E企业型	S社会型
38	A艺术型	S社会型	R现实型
39	S社会型	A艺术型	C常规型
40	A艺术型	C常规型	R现实型
41	E企业型	A艺术型	C常规型
42	C常规型	R现实型	S社会型
43	E企业型	I研究型	S社会型
44	A艺术型	C常规型	S社会型
45	E企业型	S社会型	C常规型
46	E企业型	A艺术型	I研究型

高一（×）班《霍兰德职业倾向测验量表》（按类型排序）

学　号	NO.1	NO.2	NO.3
11	A艺术型	C常规型	E企业型
40	A艺术型	C常规型	R现实型
44	A艺术型	C常规型	S社会型
18	A艺术型	E企业型	C常规型
10	A艺术型	I研究型	S社会型
25	A艺术型	R现实型	C常规型
15	A艺术型	R现实型	E企业型
6	A艺术型	R现实型	I研究型
35	A艺术型	S社会型	C常规型

续　表

学　号	NO.1	NO.2	NO.3
24	A艺术型	S社会型	E企业型
38	A艺术型	S社会型	R现实型
36	C常规型	A艺术型	E企业型
27	C常规型	E企业型	R现实型
20	C常规型	R现实型	A艺术型
32	C常规型	R现实型	E企业型
42	C常规型	R现实型	S社会型
41	E企业型	A艺术型	C常规型
34	E企业型	A艺术型	I研究型
46	E企业型	A艺术型	I研究型
28	E企业型	I研究型	C常规型
17	E企业型	I研究型	R现实型
43	E企业型	I研究型	S社会型
19	E企业型	R现实型	A艺术型
45	E企业型	S社会型	C常规型
21	E企业型	S社会型	R现实型
7	I研究型	A艺术型	C常规型
33	I研究型	C常规型	A艺术型
14	I研究型	E企业型	R现实型
23	I研究型	E企业型	R现实型
1	I研究型	E企业型	S社会型
37	I研究型	E企业型	S社会型
5	I研究型	R现实型	A艺术型
22	I研究型	R现实型	A艺术型
9	I研究型	R现实型	S社会型
26	I研究型	S社会型	A艺术型
30	I研究型	S社会型	C常规型
29	I研究型	S社会型	E企业型
12	R现实型	A艺术型	I研究型
31	R现实型	A艺术型	S社会型

续 表

学　号	NO.1	NO.2	NO.3
13	R现实型	I研究型	A艺术型
4	R现实型	I研究型	C常规型
2	R现实型	I研究型	S社会型
16	R现实型	S社会型	I研究型
39	S社会型	A艺术型	C常规型
8	S社会型	R现实型	C常规型
3	S社会型	R现实型	S社会型

（三）霍兰德职业兴趣测试解析

职业兴趣类型的职业对应分类体系如下：

1. 人格类型与职业环境的适配

现实型（R）：

共同特点：愿意使用工具从事操作性工作，动手能力强，做事手脚灵活，动作协调。偏爱具体任务，不善言辞，做事保守，较为谦虚。缺乏社交能力，通常喜欢独立做事。

典型职业：喜欢使用工具、机器，需要基本操作技能的工作。对要求具备机械方面的才能、体力或从事与物件、机器、工具、运动器材、植物、动物相关的职业有兴趣，并具备相应能力。例如：技术性职业（计算机硬件人员、摄像师、制图员、机械装配工）、技能性职业（木工、厨师、技工、修理工、农民、一般劳动）。

职业类别：木工、农民、操作X光的技师、工程师、飞机机械师、鱼类和野生动物专家、自动化技师、机械工（车工、钳工等）、电工、无线电报员、火车司机、长途公共汽车司机、机械制图员、修理机器和电器师。

研究型（I）：

共同特点：思想家而非实干家，抽象思维能力强，求知欲强，肯动脑，善思考，不愿动手。喜欢独立的和富有创造性的工作。知识渊博，有学识才能，不善于领导他人。考虑问题理性，做事喜欢精确，喜欢逻辑分析和推理，不断探讨未知的领域。

典型职业：喜欢智力的、抽象的、分析的、独立的定向任务，要求具备智力或分析才能，并将其用于观察、估测、衡量、形成理论、最终解决问题的工作，并具备相应的能力。如科学研究人员、教师、工程师、电脑编程人员、医生、系统分析员。

职业类别：气象学家、生物学家、天文学家、药剂师、动物学家、化学家、科学报刊编辑、地质学家、植物学家、物理学家、数学家、实验员、科研人员、科技工作者。

艺术型（Ａ）：

共同特点：有创造力，乐于创造新颖、与众不同的事物，渴望表现自己的个性，实现自身的价值。做事理想化，追求完美，不重实际。具有一定的艺术才能和个性。善于表达、怀旧，心态较为复杂。

典型职业：喜欢的工作要求具备艺术修养、创造力、表达能力和直觉，并将其用于语言、行为、声音、颜色和形式的审美、思索和感受，具备相应的能力。不善于从事事务性工作。例如：艺术方面（演员、导演、艺术设计师、雕刻家、建筑师、摄影家、广告制作人）、音乐方面（歌唱家、作曲家、乐队指挥）、文学方面（小说家、诗人、剧作家）。

职业类别：室内装饰专家、图书管理专家、摄影师、音乐教师、作家、演员、记者、诗人、作曲家、编剧、雕刻家、漫画家。

社会型（Ｓ）：

共同特征：喜欢与人交往、不断结交新的朋友、善言谈、愿意教导别人。关心社会问题、渴望发挥自己的社会作用。寻求广泛的人际关系，比较看重社会义务和社会道德。

典型职业：喜欢要求与人打交道的工作，能够不断结交新的朋友，从事提供信息、启迪、帮助、培训、开发或治疗等事务，并具备相应能力。例如：教育工作者（教师、教育行政人员）、社会工作者（咨询人员、公关人员）。

职业类别：社会学者、导游、福利机构工作者、咨询人员、社会工作者、社会科学教师、学校领导、精神病工作者、公共保健护士。

企业型（Ｅ）：

共同特征：追求权力、权威和物质财富，具有领导才能。喜欢竞争、敢于冒风险、有野心、有抱负。为人务实，习惯以利益得失和权利、地位、金钱等来衡量做事的价值，做事有较强的目的性。

典型职业：喜欢要求具备经营、管理、劝服、监督和领导才能，以实现机构、政治、社会及经济目标的工作，并具备相应的能力。如项目经理、销售人员，营销管理人员、政府官员、企业领导、法官、律师等。

职业类别：推销员、进货员、商品批发员、旅馆经理、饭店经理、广告宣传员、调度员、律师、政治家、零售商。

常规型（C）：

共同特点：尊重权威和规章制度，喜欢按计划办事，细心、有条理，习惯接受他人的指挥和领导，自己不谋求领导职务。喜欢关注实际和细节情况，通常较为谨慎和保守，缺乏创造性，不喜欢冒险和竞争，富有自我牺牲精神。

典型职业：喜欢要求注意细节、精确度、有系统有条理，具有记录、归档，根据特定要求或程序组织数据和文字信息的职业，并具备相应能力。如秘书、办公室人员、记事员、会计、行政助理、图书馆管理员、出纳员、打字员、投资分析员。

职业类别：记账员、会计、银行出纳、法庭速记员、成本估算员、税务员、核算员、打字员、办公室职业、统计员、计算机操作员、秘书。

2. 测试结果与职业匹配对照表

在上面的基础上，我们还可以进一步实施相近职业的兴趣判断。请将你的测试得分排序前三位的代号找出来，对照下面的职业索引找到你的职业兴趣所在（即适合的工作）。

例如：你的职业兴趣排前三位的是RIA，那么牙科技术人员、陶工等是适合你的兴趣的职业。

RIA：牙科技术人员、陶工、建筑设计员、模型工、细木工、制作链条人员。

RIS：厨师、林务员、跳水员、潜水员、染色员、电器修理工、眼镜制作工、电工、纺织机器装配工、服务员、装玻璃工人、发电厂工人、焊接工。

RIE：建筑和桥梁工程、环境工程、航空工程、公路工程、电力工程、信号工程、电话工程、一般机械工程、自动工程、矿业工程、海洋工程、交通工程技术人员、制科员、家政经济人员、计量员、农民、农场工人、农业机器操作、清洁工、无线电修理、汽车修理、手表修理、管子工、线路装配工、工具仓库管理员。

RIC：船上工作人员、接待员、杂志保管员、牙医助手、制帽工、磨坊工、石匠、机器制造、机车（火车头）制造、农业机器装配、汽车装配工、缝纫机装配工、钟表装配和检验、电动器具装配、鞋匠、货物检验员、电梯机修工、幼儿园园长、钢琴调音员、装配工、印刷工、建筑钢铁工人、卡车司机。

RAI：手工雕刻、玻璃雕刻、制作模型人员、家具木工、制作皮革品、手工绣花、手工钩针编织、排字工人、印刷工人、图画雕刻、装订工。

RSE：消防员、交通巡警、警察、门卫、理发师、房间清洁工、屠夫、锻工、开凿工人、管道安装工、出租汽车驾驶员、货物搬运工、送报员、勘探员、娱乐场所的服务员、起卸机操作工、灭害虫者、电梯操作工、厨房助手。

RSI：纺织工、编织工、农学校教师、某些职业课程教师（如艺术、商业、技术、工艺课程）、雨衣上胶工。

REC：抄水表员、保姆、实验室饲养员、动物管理员。

REI：轮船船长、航海领航员、大副、试管实验员。

RES：旅馆服务员、家畜饲养员、渔民、渔网修补工、水手工、收割机操作工、搬运行李工人、公园服务员、救生员、登山导游、火车工程技术员、建筑工人、铺轨工人。

RCI：测量员、勘测员、仪表操作者、农业工程技师、化学工程技师、民用工程技师、石油工程技师、资料室管理员、探矿工、煅烧工、烧窑工、矿工、保养工、磨床工、取样工、样品检验员、纺纱工、炮手、漂洗工、电焊工、锯木工、刨床工、制帽工、手工缝纫工、油漆工、染色工、按摩工、木工、农民建筑工人、电影放映员、勘测员助手。

RCS：公共汽车驾驶员、一等水手、游泳池服务员、裁缝、建筑工人、石匠、烟囱修建工、混凝土工、电话修理工、爆炸手、邮递员、矿工、裱糊工人、纺纱工。

RCE：打井工、吊车驾驶员、农场工人、邮件分类员、铲车司机、拖拉机司机。

IAS：普通经济学家、农场经济学家、财政经济学家、国际贸易经济学家、实验心理学家、工程心理学家、心理学家、哲学家、内科医生、数学家。

IAR：人类学家、天文学家、化学家、物理学家、医学病理学家、动物标本制作者、化石修复者、艺术品管理员。

ISE：营养学家、饮食顾问、火灾检查员、邮政服务检查员。

ISC：侦察员、电视播音室修理员、电视修理服务员、验尸室人员、编目录者、医学实验室技师、调查研究者。

ISR：水生生物学者、昆虫学者、微生物学家、发展心理学家、配镜师、矫正视力者、细菌学家、牙科医生、骨科医生。

ISA：实验心理学家、普通心理学家、发展心理学家、教育心理学家、社会心理学家、临床心理学家、目录学家、皮肤病学家、精神病学家、妇产科医生、眼科医生、五官科医生、医学实验室技术专家、民航医务人员、护士。

IES：细菌学家、生理学家、化学专家、地质专家、地理物理学专家、纺织技术专家、医院药剂师、工业药剂师、药房营业员。

IEC：档案保管员、保险统计员。

ICR：质量检验技术员、地质学技师、工程师、法官、图书馆技术辅导员、计算机操作员、医院听诊员、家禽检查员。

IRA：地理学家、地质学家、水文学家、矿物学家、古生物学家、农业科学家、动物学家、食品科学家、园艺学家、植物学家、细菌学家、解剖学家、动物病理学家、植物病理学家、药物学家、生物化学家、生物物理学家、细胞生物学家、临床化学家、遗传学家、分子生物学家、质量控制工程师、地理学家、兽医、放射治疗技师。

IRS：流体物理学家、物理海洋学家、等离子体物理学家、农业科学家、动物学家、食品科学家、园艺学家、植物学家、细菌学家、解剖学家、动物病理学家、作物病理学家、药物学家、生物化学家、生物物理学家、细胞生物学家、临床化学家、遗传学家、分子生物学家、质量控制工程师、地理学家、兽医、放射性治疗技师。

IRE：化验员、化学工程师、纺织工程师、食品技师、渔业技术专家、材料和测试工程师、电气工程师、土木工程师、航空工程师、行政官员、冶金专家、原子核工程师、陶瓷工程师、地质工程师、电力工程师、口腔科医生。

IRC：飞机领航员、飞行员、物理实验室技师、文献检查员、农业技术专家、动植物技术专家、生物技师、油管检查员、工商业规划者、矿藏安全检查员、纺织品检验员、照相机修理者、工程技术员、编计算机程序者、工具设计者、仪器维修工。

CRI：簿记员、会计、记时员、铸造机操作工、打字员、按键操作工、复印机操作工。

CRS：仓库保管员、档案管理员、缝纫工、讲述员、收银员。

CRE：标价员、实验室工作者、广告管理员、自动打字机操作员、电动机装配工、缝纫机操作工。

CIS：记账员、服务员、报刊发行员、土地测量员、保险公司工作人员。

CIR：校对员、工程职员、海底电报员、检修计划员、发报员。

CSE：接待员、通讯员、电话接线员、售票员、旅馆服务员、私人职员、商学教师、旅游办事员。

CSR：运货代理商、铁路职员、交通检查员、办公室通信员。

CSI：簿记员、出纳员、银行财务职员。

CSA：秘书、图书管理员、办公室办事员。

CER：邮递员、数据员、航空邮件检查员。

CEI：推销员、经济分析家。

CES：银行会计、记账员、秘书、速记员、法院报告人。

ECI：银行行长、审计员、信用管理员、地产管理员、商业管理员。

ECS：信用办事员、保险人员、各类进货员、海关服务经理、售货员、采购员、会计。

ERI：建筑物管理员、工业工程师、农场管理员、护士长、农业经营管理人员。

ERS：仓库管理员、房屋管理员、货栈监督管理员。

ERC：邮政局长、渔船船长、机械操作领班、木工领班、瓦工领班、驾驶员领班。

EIR：科学、技术和有关周期出版物的管理员。

EIC：专利代理人、鉴定人、运输服务检查员、安全检查员、废品收购人员。

EIS：警官、侦察员、交通检验员、安全咨询员、合同管理者。

EAS：法官、律师、公证人。

EAR：展览室管理员、舞台管理员、播音员、驯兽员。

ESC：理发师、裁判员、政府行政管理员、财政管理员、工程管理员、职业病防治、售货员、商业经理、办公室主任、人事负责人、调度员。

　　ESR：家具售货员、书店售货员、公共汽车驾驶员、日用品售货员、护士长、自然科学和工程的行政领导。

　　ESI：博物馆管理员、图书馆管理员、古迹管理员、饮食业经理、地区安全服务管理员、技术服务咨询者、超级市场管理员、零售商品店店员、批发商、出租汽车服务站调度员。

　　ESA：博物馆馆长、报刊管理员、音乐器材售货员、广告商售画营业员、导游、（轮船或班机上的）事务长、空姐、船员、法官、律师。

　　ASE：戏剧导演、舞蹈教师、广告撰稿人、报刊专栏作者、记者、演员、英语翻译。

　　ASI：音乐教师、乐器教师、美术教师、管弦乐指挥、合唱队指挥、歌星、演奏家、哲学家、作家、广告经理、时装模特。

　　AER：新闻摄影师、电视摄像师、艺术指导、录音指导、丑角演员、魔术师、木偶戏演员、骑士、跳水员。

　　AEI：音乐指、舞台指导、电影导演。

　　AES：流行歌手、舞蹈演员、电影导演、广播节目主持人、舞蹈教师、口技表演者、喜剧演员、模特。

　　AIS：画家、剧作家、编辑、评论家、时装艺术大师、新闻摄影师、演员、文学作者。

　　AIR：建筑师、画家、摄影师、绘图员、环境美化工、雕刻家、包装设计师、陶瓷设计师、绣花工、漫画工。

　　SEC：社会活动家、退伍军人、服务员、工商会事务代表、教育咨询者、宿舍管理员、旅馆经理、饮食服务管理员。

　　SER：体育教练、游泳指导。

　　SEI：大学校长、学院院长、行政管理员、历史学家、家政经济学家、职业学校教师、资料员。

　　SEA：娱乐活动管理员、国外服务办事员、社会服务助理、一般咨询者、宗教教育工作者。

　　SCE：部长助理、福利机构职员、生产协调人员、环境卫生管理人员、戏院经理、餐馆经理、售票员。

　　SRI：外科医师助理、医院服务员。

SRE：体育教师、职业病治疗者、体育教练、专业运动员、房管员、儿童家庭教师、警察、引导员、传达员、保姆。

SRC：护理员、护理助理、医院勤杂工、理发师、学校儿童服务人员。

SIA：社会学家、心理咨询师、学校心理学家、政治科学家、大学或学院的系主任、大学或学院的教育学教师、大学农业教师、大学工程和建筑课程的教师、大学法律教师、大学数学、医学、物理、社会科学和生命科学的教师、研究生助教、成人教育教师。

SIE：营养学家、饮食学家、海关检查员、安全检查员、税务稽查员、校长。

SIC：描图员、兽医助手、诊所助理、体检检查员、监督缓刑犯的工作者、娱乐指导者、咨询人员、社会科学教师。

SIR：理疗员、救护队工作队人员、手足口病医生、职业病治疗助手。

SAC：理发师、指甲修剪员、包装艺术家、美容师、整容专家、发式设计师。

SAE：听觉病治疗者、演讲矫正者。

SAE：图书馆管理员、小学教师、幼儿教师、学前儿童教师、中学教师、师范学院教师、盲人教师、智力障碍人的教师、聋哑人的教师、学校护士、牙科助理、飞行指导员。

3. 六种类型内容解读

霍兰德所划分的六大类型并非是并列的、有着明晰的边界的，而是如下图所示的六边形标示出的六大类型的关系。

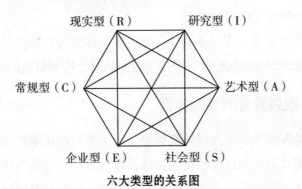

六大类型的关系图

相邻关系：

如RI、IR、IA、AI、AS、SA、SE、ES、EC、CE、RC及CR，属于这种关系的两种类型的个体之间共同点较多，现实型（R）、研究型（I）的人都不太偏好人际交往，这两种职业环境中也都较少的机会与人接触。

相隔关系：

如RA、RE、IC、IS、AR、AE、SI、SC、EA、ER、CI及CS，属于这种关系的两种类型个体之间共同点较相邻关系少。

相对关系：

在六边形上处于对角位置的类型之间即为相对关系，如RS、IE、AC、SR、EI及CA，相对关系的人格类型的共同点少。因此，一个人同时对处于相对关系的两种职业环境都兴趣很浓的情况较为少见。

人们通常倾向选择与自我兴趣类型匹配的职业环境，如具有现实型兴趣的人希望在现实型的职业环境中工作，可以最好地发挥个人的潜能。

然而，大多数人都并非只有一种性向（比如：一个人的性向中很可能是同时包含着社会性向、实际性向和调研性向这三种）。这些性向越相似，相容性越强，则一个人在选择职业时所面临的内在冲突和犹豫就会越少。

职业选择时，通常会不断妥协，寻求与相邻职业环境甚至相隔职业环境的共同点在这种环境中，个体需要逐渐适应工作环境。一则因为个体本身常是多种兴趣类型的综合体，二则因为影响职业选择的因素是多方面的，不完全依据兴趣类型，还要参照社会的职业需求及获得职业的现实可能性。

如果个体寻找的是相对的职业环境，就意味着所进入的是与自我兴趣完全不同的职业环境，我们工作起来可能难以适应，或者难以做到快乐的工作，相反，甚至可能会每天工作得很痛苦。

员工的工作满意度与流动倾向性，取决于个体的人格特点与职业环境的匹配程度。当人格和职业相匹配时，会产生最高的满意度和最低的流动率。

五、生涯规划教育的实践体会

生涯规划对青少年学生来说特别重要，因为他们在从学校过渡到工作世界的过程中，要面对很多和事业相关的抉择，包括升学、分文理科的选择、兴趣培训与技能进修的选择，以及职业的选择。因此，能够有效地规划人生和事业是青少年学生的一个重要成长任务。

理论上，开展生涯规划教育能够使学生更深刻地理解和拓展生涯规划教育的心理学内涵，有利于深入探讨青少年生涯发展的心理阶段与特点，探讨今天青少年理想的建立与实现的心理教育特征与规律，阐明有关生涯规划心理教育的规律。

实际上，开展生涯规划教育能够解决当今青少年学生的理想、信念、自我实现中的困惑等问题，如自我迷失、未来的不确定性、生存安全感等，使学生能放眼未来而立足当前，进入最佳的学习状态，获取更高的学业成就。在当前"唯有学业成绩好，才能有发展前途"的观念下，使学业不良的学生能够找到适合自己发展的人生道路和社会位置，建立健康的生涯发展的观念与雄心，促使全体学生保持心理健康，真正实现素质教育的理想。

透过课程及各种活动的开展，我们相信，可以在中小学阶段协助学生自我发展，开展生涯探索和生涯规划，引导学生做好自我评估，认识生涯类群，并根据具体资料，规划未来的生涯，达到开创幸福美满的人生目标。

生涯规划，勾画愿景

生涯规划会使孩子理想中的"我"与现实中的"我"达到统一。

"垃圾是放错了地方的宝贝。"

让孩子清楚：我想干什么，我能干什么，我该干什么，面对众多的职业我会选择什么。

职业定位过程中，要考虑孩子自身的气质与职业的匹配、性格与职业的匹配、特长与职业的匹配、职业与职业的匹配。

生涯，就是你的一生；规划，即有系统的计划。生涯规划，就是对你的一生作出系统的安排与计划。请帮助你的孩子规划人生吧！古人云："凡事预则立，不预则废。"对高中生进行人生规划教育，意在帮助他们尽快走出人生谜团，理清人生的基本脉络，在他们的人生起步之前、之初，帮助他们做好最充分且清晰的心理、能力等诸多方面的准备，使他们在未来走上人生之时少走弯路，最大限度地接近自己的理想与目标。

一、为什么要对孩子做生涯规划教育

《西游记》这个故事在中国是家喻户晓的，师傅唐僧由孙悟空、猪八戒和沙僧徒弟3人保护去西天取经。孙悟空能72般变化、降妖除魔、冲锋陷阵；猪八戒虽然贪吃贪睡，但打起仗来也能上天入海；沙僧憨厚老实、任劳任怨，把大家的行李挑到西天；唐僧最舒服，不仅一路上有马骑、有饭吃，而且妖魔挡道也不用其动一根指头，自有徒儿们奋勇上阵。在他们4人当中，谁最重要呢？唐僧，最没有本事的就是唐僧，他做事不明真伪，总是慈悲为怀，动不动还要给孙猴子念上几句紧箍咒，但是，就是他，在孙悟空一赌气回了花果山、猪八戒开小差跑回高老庄、沙僧也犹豫的情况下，他毅然一个人奋勇向前，不达目的誓不罢休。因为，唐僧心里清楚地知道，他去西天的目的是要取回真经普度众生，他知道为什么要去西天，他知道他为什么做，他知道他要的是什么，无论路程多么艰险，无论途中有多少妖魔挡道，无论多少妖魔鬼怪想吃他的肉，他都毫无畏惧、奋勇向前。而3个徒弟，他们并不知道为什么要去西天，他们只是知道保护好唐僧就行了，至于为什么要保护好唐僧，他们不用去考虑，他们知道的是怎样做，并且把它做好。最后，唐僧不仅取回了真经，而且还使曾经被称为妖精的3个徒弟最终功德圆满、各自成佛。

从这个故事中我们看到，孩子如果像唐僧一样确定自己想干什么，并明确自己想成为怎样的人，他就能把自己造就成那样的有用之才。孩子如果没有明确的目标和达到这些目标的规划，不管他如何努力工作，都像是一个四处飘荡的小船，漂到哪儿算哪儿，运气也许会降临到孩子头上，让他一生如愿，但概率是多少？人的一生，面临着很多选择，生涯规划是人生的过程，也是一个作出选择的过程。而一旦作出了路线选择，就要坚持到底。生涯规划会使孩子胸怀远大的抱负，在他失败时赋予他再去尝试的勇气，会使孩子不断向前奋进避免倒退，不再为过去担忧，会使孩子将理想中的"我"与现实中的"我"达成统一。

二、解读生涯规划

生涯规划虽然不是一个生涩的名词，但我国在这方面的教育现状还是比较薄弱的，因此家长们需要了解。

什么是生涯规划？

知，是理性认知包括人生的目标、理想信念、把握方向、认清环境、明辨是非、寻求对策、确立自我，需要在理性的分析判断后作出选择。行，是面对现实中的问题，从认识到实践，是对待和解决问题能力的实现过程，把选择变为现实。规划和把握人生，就是知与行不断超越、循环往复向新目标前进的过程。子曰：三十而立，四十而不惑，五十而知天命。这反映了一个人认知逐步成熟的不同阶段的标志，反映了人成长的一般经验，然而孩子要回答"我的一生该如何度过",并真正兑现自己的承诺,这显然不是简单的问题,而是一个伴随人成长的知与行的超越自我的过程。

我是谁?我从哪里来?我要到哪里去?这一哲学命题会给我们的人生规划以启示。我是谁?告诉人们要清醒地认识自己,必须排除外来的压力,如父母的期望、师长的教诲、将来就业的压力等,要在完全放松的情形下,根据自己的爱好、特长、性情来正确地规划未来的生活。我从哪里来?是要我们客观地看待自己的过去,认清自己的知识水平、见识、人生经历等,给自己一个恰如其分的评价。做到这一点,就能心平气和地面对现状,不再怨天尤人,不再好高骛远。我要到哪里去?就是在真正明白自身条件和所处现状的基础上,合理地制订自己的人生计划。并能够把长期计划和短期计划结合起来,长期计划为目标,短期计划为阶段,由此出发,才能一步步向目标靠近。

三、高中生应培养的九大核心能力

高中生应培养的九大核心能力为:了解个人成长历程与生涯发展的关系;分析个人特质与潜能;探索个人特质与生活角色间的关系;关切教育发展、学习内涵与生涯之路;了解大学生涯与职业生活间的相关资讯;认识人力资源供需与职业生活的相关资讯;统整生涯资讯以完成生涯评估;运用决策技巧以规划行动方案;落实执行生涯抉择事项。

四、高中生生涯规划的中心理念

了解自我:对自己进行深入的了解,从各层面认识自己。

探索世界:对于世界的认识,了解这世界广泛与多元的可能性。

整理相关资讯:将对自我的了解与对世界的认识结合起来,对未来做出可能性的评估,尝试可能的职业方向。

五、生涯规划的三要素

(1)知己:认识自己的能力、性格、兴趣、人格特质和价值观。

(2)知彼:了解社会及经济发展趋势、行业就业状况、未来就业机会。

(3)抉择与行动:做决定的技巧、勇气、毅力,有计划地采取行动,落实有效管理生涯规划事项。

六、生涯规划设计六步骤

高中生是身体、智力、情感和社会意识发展的时期,是生涯发展的关键点。按照生涯规划的理论,在中学阶段,学生应当发现他们的兴趣和能力、为某一方面的兴趣投入更多的时间和精力，逐渐确认自己的兴趣和专长并为之努力。中学阶段生涯教育的焦点是教给学生生涯规划的方法，学习拓展和识别自己的兴趣、能力等个人特质，尝试对某一项或某几项兴趣方向进行较为深入的探讨，了解与其关联的专业、职业、工作、生活方式等，建立现在的学习和将来的生涯之间的关联，为自己将来的生活方式做初步的选择，但这种选择是开放性的，并不表示他不能从事其他行业。生涯规划需要帮助孩子思考自己的未来，让孩子有机会想象"未来的我"，对于越来越多的中学生来说，生涯规划为他们认识自己和世界提供了机会。

（1）帮助孩子发现自己的主要人生目标，用一个简单的句子描述自己的人生目标。所谓主要人生目标，应该是一个终生所追求的固定的目标，生活中其他的一切事情都围绕着它而存在。

（2）着手准备实现这项目标。学历是帮助孩子实现终极目标的工具，职业的选择就是孩子所要着重考虑的问题。让孩子自问自答："我的学习生活正在帮助我实现人生的最终目标吗？"如果答案是否定的，那就要学习其他知识或者换种学习方式，进一步问孩子："是否有一种途径可以让你现有的学习生活与你的人生基本目标一致起来？"对于第二个问题，答案常常是肯定的。例如：一个羞涩腼腆的孩子为了将来能从事像新闻主播这样需要外向型性格的职业，会在与同学的交往中注意培养自己与人沟通的能力。

（3）考虑人生规划中的具体细节。例如：让孩子制订一个详细的个人学业发展计划，不管是属于何种时间范围的计划，它至少应该能够回答：在未来一学期或短时间内实现什么样的一些个人学习的具体目标？在未来一学期或短期内有怎样的一种学习方式？对于这些问题的回答将给孩子提供一份有关他自己的短期目标的清单，在此特别要注意应该把孩子的情绪、价值和信仰等因素全部调动起来。

（4）形成具体的短期的目标之后，需策划将如何去达成它们。

（5）行动。这是所有步骤中最艰难的一个步骤，良好的动机只是一个目标得以确立和开始实现的一个条件，但不是全部。如果动机不转换成行动，动机终归是动机，目标也只能停留在梦想阶段。要想实现人生的终极目标，忠告孩子：有两个方面的陷阱需要避免，一个是懒惰，另一个是错误，哪怕是小的错误和懒惰都是阻碍事业成功的天敌。

（6）不断地修改和更新人生的发展目标。

七、高中生职业生涯规划

历届的高中毕业生，一部分凭热门或自己对某专业的片面的理解，而选择了某专业，但当自己进入大学学习后，发现自己对专业和以后要做的工作一点儿也不喜欢。所以，他对所学专业也不感兴趣，对就业也没有信心，只想放弃，但又不知道自己能做什么，所以导致自己对自己没有信心，在性格、情绪上也有一些抑郁。其实，专业的选择源于一部分孩子当时的专业就是父母选择的，父母以他们以往的经历选择一些就业似乎稳定的专业，如财务、教育、医生等职业，但孩子本人是属于很感性、创新能力很强的个体，根本就不喜欢父母所选择的专业和职业，但又不容易放弃。一部分孩子为了读大学而读大学，只是选择了一所大学，在专业方面就没做什么选择，其实根本就没什么规划，所以，对毕业后做什么工作，是否继续深造等都非常迷茫。这些孩子是做了错误的职业规划或根本没有职业规划。

有人说："垃圾是放错了地方的宝贝。"每个人都有自己天生的优势和局限，成功的人生规划，就在于扬长避短、最大限度地发挥自己的优势，只有善于经营自己长处的人，才能使自己的人生价值增值。高三的孩子面临走入社会选择职业、考取大学选择志愿，职业规划很重要，它对以后的就业和职业发展的意义十分重大。

（一）自我评估与认识

对自我的评估包括兴趣、价值观、综合素质、能力特点优势与劣势，良好有效的规划都是建立在对自身特点的深刻理解上，不够主动和深入的自我探索将直接影响规划的质量。在进行职业生涯规划时，首先让孩子清楚地了解自己，全面分析自我的能力、兴趣、性格、气质、价值观，以确定自己都具备哪些能力，什么样的职业比较适合自己，即要清楚我想干什么、我能干什么、我该干什么，以及面对众多的职业我会选择什么，等等。

1. 兴 趣

浓厚的兴趣是取得成功的关键，如果对一件事情兴趣盎然，就会乐此不疲，创新不断。例如：有的人很喜欢跟人打交道，喜欢组织、管理性质的活动，有的人就喜欢操作一些模型，做一些动手的活动。每个人的兴趣点不一样，这会直接影响他们将来上大学对所学的专业的兴趣。什么能引起孩子的强烈兴趣？什么能激发孩子的活力？孩子喜欢与人还是与物打交道？等等。

2. 性格

一个人的性格与职业的适应性有很密切的关系，性格没有好坏之分，所谓"三百六十行，行行出状元"。一般来说，性格外向的人更适合选择能够充分发挥自己行动能力和积极性的专业，如管理、法律、经济、市场营销等；性格内向的人更适合选择能够发挥自己的计划性、敏感性、逻辑性的职业，如研发人员、会计、技术人员等。

3. 潜能和优势

高中生的潜能在高三已经初现端倪，有的人擅长逻辑推理，有的人擅长形象思维，有的人对数字非常敏感，有的人有很好的文笔，这些潜在的能力和优势如果能够在专业上得到发挥，那将达到事半功倍的效果，可以轻松地完成学业，轻松地获得成功。

4. 环境评估

主要是家庭影响（如经济状况、家人期望、家族文化等）、社会形势（如市场供需状况、就业政策、需求分析、地理环境等，并与自己的实际相结合）。例如：孩子过去不喜欢或者至今不喜欢某些事物的原因？父母及亲友对孩子的期望及对孩子的重要性？家庭经济情况是否允许孩子做这样的选择？

（二）确立未来职业发展的方向，设定职业生涯目标

做职业选择，即帮助孩子将潜能、职业目标和主客观条件进行最佳的匹配，世界上的职业可以说有千万种，看似千头万绪、杂乱无章，但心理学家已通过多年的研究，发现了将这些职业归类的方法，有些职业要求从业者喜欢与人打交道，像企业中的公关人员，而如果一个公关人员偏喜欢整天在家做学问，那他很有可能做不好这个职业；有些职业要求从业者喜欢钻研思考，像科研人员；有些职业要求从业者喜欢感性创造，如画家等。在职业定位过程中，要考虑孩子自身的气质与职业的匹配、性格与职业的匹配、特长与职业的匹配、职业与职业的匹配等。

（三）帮助其规划的两个有效渠道

1. 职业见习

这是对某一行业或职业进行了解的最直观的方法，职业见习可以利用休假时间，如在假期让孩子跟随家长工作，或者联系孩子自己感兴趣的职业内容进行全程跟随。

2. 游 学

所谓"读万卷书，行万里路"，外出游学不仅可以让孩子开阔眼界，也可以借此机会锻炼他们的自理能力及人际交往能力。所以，如有可能，游学是帮助孩子了解外部世界的最佳方式之一。

第八节　雁锦体验——助力于研究生命教育

生命教育不仅只是教会青少年要珍爱生命，更要启发青少年完整理解生命的意义，积极创造生命的价值；生命教育不仅只是告诉青少年要关注自身生命，更要帮助青少年关注、尊重、热爱他人的生命；生命教育不仅只是惠泽人类的教育，还应该让青少年明白让生命的其他物种和谐地在同一片蓝天下共存；生命教育不仅是关心今日生命之享用，还应该关怀明日生命之发展。

生命教育最有效的方式应该是类似于"雁翔千里，成功生命迁徙"的亲身体验，因此，我们设计雁锦体验方式，通过将班级微观化成若干雁队制框架；通过对生命活动的深刻体验和灵性的深层次激发助力于研究生命教育，让学生体验到的东西才能使得学生感到真实，并在大脑记忆中留下深刻的印象，使学生可以随时回想起曾经亲身感受过的生命历程，也因此对未来有所担当、有所预感。

一、班级开设生命教育课程是时代的呼唤

由于青少年缺乏生命意识，自杀、自伤、自残、吸毒等事件会时有所闻。一系列令人触目惊心的报道，使整个社会痛心疾首，我们不禁要问：我们的教育出了什么问题？是什么原因，使拥有花样年华的孩子们作出杀人和自杀的行为？

让每一个青少年懂得生命对于每个人来说只有一次，它是人生最宝贵的，从而让青少年珍惜生命，正确对待危机，勇敢地面对现实，增强抗挫折承受力，使青少年学会掌握自我心理调整、自我控制的方法，在任何情况下都不会作出危害他人、危害社会，以及危害自身的行为。

二、社会存在感折射生命价值

社会存在感，是个人在一个团体中发挥着作用，具有了价值。这个团体可以是家庭，也可以是学校，或者是工作单位。相反，如果一个人在团体中被忽略，那么他就没有存在感。存在感是个人心理健康的重要标志，是人生的目标、支柱，是赋予人类自我尊严的基础。有存在感，说明这个人在这个集体中有价值，反之，存在感的缺失会使人产生无意义感，也会带来价值感的缺失。

（一）班级微观化雁队制框架

存在主义心理学家罗洛·梅认为，存在感是个人对自身存在的意识和体验。班级建立雁队制框架，每支雁队均由领头雁、状雁、哨雁、巡雁、幼雁等组成，很好地将班级框架微观化，对关注每一名学生的个体发展具有重要作用，提升个体学生对自己存在本体的体验，它产生于更基本的心理层次，可以统整与连贯个人的多种经验。存在感不仅是自我发展的先决条件，而且也是解决其他问题的必要条件。

（二）雁队制增强学生集体存在感

人存在的基本特征之一是自我核心，每个人都是一个与众不同的独立存在体，每个人都是独一无二的。如果把每一名学生比喻为整个拼图游戏里的一格小拼图，每个人都是独一无二的，有其独特的价值的存在，是构建完整拼图、一个成功团队的不可或缺的部分。让每一名学生在班级里找到自我存在的位置，从而为班级发展发挥作用，是社会存在感意识培养的首要任务。

基于社会存在感的班级文化建设，应力求让每一名学生在集体中有其独特而积极的位置。班级通过实施"五立"雁文化，组建雁队，合理分工，合理担当，发掘和认可个体价值。正如维克多·弗兰克所说："每个人都被生命询问，而他只有用自己的生命才能回答此问题，只有以'负责'来答复生命。因此，'能够负责'是人类存在最重要的本质。"

三、生命教育提升生命亮度

人是肉体生命与精神生命的统一体，教育只有尊重、保护和关怀人的完整生命，才能开发人的精神生命意义和提升生命价值。生命教育，顾名思义就是有关生命的教育，其最终目标是促进学生在人格上获得健全发展，提升他们的生命质量。

（一）价值与目标

（1）班级开展生命教育，让学生树立正确的生命观，培养对自己和他人生命珍惜和尊重的态度，增强社会责任感。

（2）生命教育是道德教育的超越与提升，要去激发生命的潜能、提升生命的品质、捍卫生命的尊严、实现生命的价值。

（3）帮助学生了解生命、尊重生命、关怀生命、珍爱自己和他人的生命，认识生命的价值和人生的意义，融合现实，建构理想，有积极的人生追求、明确的奋斗方向。

（4）通过组织丰富多彩的活动，提高自我保护能力及生存技能，使学生能健康快乐地成长，使学生在人格上获得健全发展，提高他们的心理素质。

（二）内容与方向

（1）了解生命的形成过程；认识青春期的生理现象；敬畏生命、珍视生命、提高生命意识的教育是生命教育的起点。

（2）学会健康地与异性交往，正确区分"友情"与"爱情"；引导学生用爱心经营生命及思考生命的方向。

（3）学会保护自己，正确应对敲诈、恐吓等应激事件技能；防止受到性侵害；通过课程帮助学生掌握自我保护的知识，锻炼自我保护的能力。对学生进行水、火、电、交通、同学交往等方面的自我保护知识的传授，在实践中提升生命的价值。

（4）尊重他人生命，学会与人沟通、交往、合作；鼓励学生开发潜能，从而建立自尊与自信。帮助学生树立乐观、积极、健康的人生态度，提高学生个人生活质量，提升对生活的满意度。

（5）锻炼身体，养成健康的生活方式，文明上网；认识烟酒、毒品和艾滋病的危害，并加以拒绝。帮助学生认识生命，进而欣赏生命的丰富与可贵。

（6）调节和保持良好的情绪状态，正确应对挫折与压力。让孩子懂得如何珍惜生命与尊重生命。教会孩子们去观察和理解生活，让孩子理解并感受到生活的美、幸福和欢乐。

（三）途径与方式

生命的自然属性也即自然生命，决定着人的生命长度，即寿命的长短；

生命的社会属性也即社会生命，决定着人的生命宽度，它是以文化为内核和根基，从零开始不断拓展的；生命的精神属性也即精神生命，决定着人的生命高度，它并非纯粹指人在成功的顺境中所能达到的高度，人在失败的逆境中所处的低谷，因为生命的深刻体验和灵性的深层次激发，也构成了富有意义的生命高度的一部分。生命长度、生命宽度和生命高度统一在一起，共同凝结成了人的生命亮度和生命体验。

1. 体验主题班会课

班主任通过雁锦体验式主题班会课形式开展生命教育，帮助学生认识生命、珍爱生命、敬畏生命、欣赏生命，提高自我保护能力及生存技能，提高人的生命质量和实际人生价值。

其主题可有计划地涉及《生命与健康》《生命与安全》《生命与成长》《生命与价值》《生命与关怀》的教育，使学生学习并掌握必要的生存技能，认识、感悟生命的意义和价值，培养学生尊重生命、爱惜生命的态度，学会欣赏和热爱自己的生命，进而学会对他人生命的尊重、关怀和欣赏，树立积极的人生观，从而综合提高学生的全面素质。

2. 体验学科渗透式

所谓渗透式，是指将生命教育渗透到各科教学和班级的其他活动中予以实施。主要通过教学、课外活动来实施。生命教育内容广泛，通过与生命教育有关的各科目讲授生命教育知识，可调动科任教师参与和关注生命教育，充分利用班级的生命教育资源，增强生命教育效果。

生命教育实践性极强，可以通过形式多样的学科活动，在实践中掌握生命知识，一次次渗透学科知识的生命活动的质量决定人的生命全过程的质量；重视每一次渗透学科知识的生命活动的质量就是重视生命全过程的质量。

3. 体验班级活动

在班级活动过程中，如春游、秋游、亲自拓展活动、学军、学农、班级劳动、学校值周班工作、志愿者活动、义卖活动、运动会、艺术节、安全教育，以及生涯规划职场面对面等班级活动中，学生都能体验到大自然的存在，家人的情感，生活的滋味，自己的成长经历，每时每刻的思想与变化，自己有意讲过的话，亲自参与的事件，亲自动手的工作，对一个时代的记忆，等等。

随着时光的流逝，学生们亲身体验到的生活内容越来越丰富。这自然包括对外界的印象和自己内心的变化，一起构成一个人全部的生活经历。尽管一个人的生命历程于漫漫历史长河而言终究是短暂的，但是在他（她）的人生历程中所能体验到的一切的确是十分丰富的。亲身体验了各种经历的人也可以被称为是一种个性思想、语言和行为共同组合而成的自我意识经验者。

概括起来，根植于班级"五立"雁文化的土壤，生命教育中的体验感教育是培养学生社会存在感的重要内容之一。为团队和社会服务，贡献一分力量，承担一分责任，是学生人格健康发展的需要。在团队中有其用，与责任和担当同行，在生命的旅程中，达成自我认可和他人肯定，从而收获和体验更多地成长带来的幸福，从而形成正确的生命态度和殷实的生命意识。

第五章

『五立』雁文化的未来
教育应然观

第一节 树立集体意识是班级建设的灵魂

在"五立"雁文化基本理念的引领下，我们在班级建设上进行了大胆的创新探索。

树立集体意识是班级雁阵建设的灵魂，雁群是一个具有高度集体意识的团队。大雁在飞翔的过程中，总会发出高亢的雁鸣声，以此激励同伴的勇气与斗志。在20年的班主任实践中，我始终信奉一个理念：在班级建设中，树立集体意识是班级建设的灵魂。

一、全员唤醒

全员唤醒针对的是整个班级队伍，唤醒的是集体意识。通过班会课的德育熏陶，集体活动的任务驱动，如校运会、升旗礼、艺术节、学代会、爱心义卖节、科技节、经典诵读、辩论赛等活动，帮助全班同学建立"班兴我荣"的主人翁精神，培养班级群体的集体荣誉感。

二、分层唤醒

分层唤醒即根据班级成员的不同表现，将其分为班干部、"中等生"和"学困生"三个群体，按照群体特点采取不同的方法进行唤醒激励。对于班干部群体要求他们学会做"领头雁"，发挥示范引领作用。"中等生"群体存在受到肯定的潜在需要，但他们相对欠缺行动力。班主任根据这一群体学生的特点，在班级管理和集体活动中，选择适合其能力和个性的任务，委以重用，以任务为外驱动力，激发这一群体的集体意识。甚至可以采取班干部群体与"中等生"群体结对的方式，以合作的形式共同完成任务，让"领头雁"带动"雏雁"，在行动、能力、意识上带动"中等生"群体，唤醒其参与意识、责任意识。用实际行动让"中等生"群体获取成功感和成就感，最终体验到成长带来的自信。

对于"学困生"群体，则可以利用"活动育人"模式开展提升计划，展现其优势。如开展校运会、篮球比赛、拔河比赛、艺术节、各类海报设计比赛、各类义工活动、劳动值日等，让同学们发现彼此的优点，彼此欣赏，让"后进生"体会到自己的闪光点。同时，班主任要给予"学困生"更多地关注与帮助，让他们感受到集体的温暖，获得归属感与价值感，努力融入集体。

第二节　形成班级共同体是班级建设的走向

集体是在社会主义社会中形成和发展的人际关系的高级特殊形式。作为社会主义社会的一种共同体，班级集体应该不仅与学生个人相统一，而且与成年人的社会主义劳动集体相统一，它具有高度的社会倾向性、高度的组织性及高度的社会主体性之社会本质特征。马卡连柯指出："活动教育了集体，团结了集体，加强了集体，以后，集体自身就能成为很大的教育力量了。"

班集体不仅是教育的对象，也是教育的巨大力量，班集体建设一直被认为是班级工作的主要追求目标。应该说，班级建设的外延远大于班集体建设，将班级建设仅聚焦于班集体建设，容易遮蔽班级教育性，那种效率主义、控制主义、工具主义至上的班级建设观是不能尽显班级教育性的。班级建设有着丰富的内涵，班级组织建设、制度建设、文化建设、环境建设、人际氛围建设等都具有教育性价值，只有从这些方面出发重构班级，才能充分彰显班级教育性。

未来教育走向"班级共同体"：

新型的"班级共同体"不同于西方的课堂环境，也不同于中国传统的班集体，更不仅仅是作为学校的一种基层组织。

1. 从"社会"到"共同体"

"共同体"（Community，有的也译为社群、社区），在政治哲学上，可追溯到亚里士多德的政治共同体（Kovovia），是为了达到某些善之目的所形成的共同关系或团体。在社会学里，滕尼斯（Ferdinand Tnnies）于1887年发表了《共同体与社会》（也译为《社区和社会》，英译为Community and Society）提出了共同体与社会的经典界定。在滕尼斯那里，Gemein-schaft主要是基于自然意志（natural will）的，如情感、习惯、记忆等，以及血缘、地缘和心灵而形成的社会组织，包括家庭、邻里、乡镇或村落……相对而言，Ge-sellschaft则是基于理性意志（rational will，深思熟虑、抉择、概念等），符合主观利益而形成的社会关系，如各种利益团体，以及各种规模不等的城市或国家。班级一旦形成，就有了"地缘"属性，更有着班级的特定情感与记忆。

2. 从班集体到班级共同体

集体教育是马克思主义教育思想的重要内容。班集体理论来源于苏联，克鲁普斯卡娅和马卡连柯在20世纪20年代提出了集体教育理论，她们是集体教育理论的重要奠基者，后来，苏霍姆林斯基的儿童集体教育，标志着集体教育理论发展的新阶段。马卡连柯认为，班集体建设就是集体主义教育，就是以集体主义的精神来教育青年一代，培养集体主义者。

随着对班级性质认识的不断深化，班集体建设作为班级教育唯价值追求的理论受到了挑战，这种挑战来源于以下两个方面：

（1）来源于学者对班集体概念的重新审视。有学者指出："班集体是按照班级授课制的培养目标和教育规范组织起来的，以共同学习活动和直接性人际交往为特征的社会心理共同体。"

① 班集体是一个以学生亚文化为特征的社会群体，它传导和积淀着班级制度的社会文化基因（教育目标、规范和组织模式）。

② 班集体又是一个以教学为中介的共同活动体系，它以课堂教学为中介，整合学校、社会、家庭的教育影响，社会化的共同学习活动是班集体形成和发展的主要整合因素。

③ 班集体还是一个以直接交往为特征的人际关系系统，通过交往和人际关系，动态地反映了集体与个体、个体与个体、集体与环境的相互作用，标志着集体形成的过程。

④ 班集体是一个以集体主义价值为导向的社会心理共同体，集体心理的统性和社会成熟度综合反映了集体主体性的水平。

由此看来，社会群体的共同活动、直接交往、集体主义等是班集体的基本特征，其核心内涵就是社会心理共同体。也有学者认为："班集体乃是一个以儿童与青少年为主体的具有崇高的社会目标、以亲社会的共同活动为中介、以民主平等与合作的人际关系为纽带并促进其成员的个性得到充分发展的有高度凝聚力的共同体。"同样，社会目标、共同活动、人际交往、凝聚力等是班集体的基本特征，其核心内涵也是共同体，于是"共同体"概念开始进入了学者的视野。

（2）随着生命教育理念的提出，那种把"集体主义教育"直接等同于班级建设的观点也遭到了质疑。有学者指出："相对于德育和集体主义教育而言，班级建设追求学生生命的整体成长，这一价值追求也不是前两者所能够全部涵盖的。"关注班级中人（包括教师和学生）的成长，成了班级教育的重要价值追求。

把班级作为共同体来培育，这与"五立"雁文化育人模式下的班级建设理念相通相容，既可以强调集体主义教育，也可能关注班级中的个体生命体；既可能重视班级作为特殊社会组织的目标与规范要求，也可能考虑到班级作为初级群体的交往与互动特征，充分整合班级的教学、管理与教育功能，彰显了班级的应有价值。有学者认为："班级共同体是一种在班级成员平等交流与交往的基础上，追求一种道德伦理并关注班级共同愿景实现的组织，具有促进班级成员学会关心、发展学生人格，正确地理解人性享受道德生活及有效实施班级道德领导的价值意蕴。"在该学者看来，"共同体"的内涵包含三方面内容：第一，成员之间的平等与尊重；第二，彼此秉持着道德伦理与责任；第三，成员对共同愿景的追求。

由此看来，班级成员之间的平等与交往、对道德伦理及共同愿景的追求成了班级共同体的基本特征。在目标设定上，既注重班级的组织目标，更考虑学生的教育目标；在道德使命上，既注重集体主义等道德目标的达成，也充分开发班级公共生活的价值。因此，班级共同体是"人"的共同体，强调学生"在场"。

班级共同体整合了班级的组织性、社会性、群体性特征，也是对班级管理与未来教育的整合，是班级管理向班级辅导发展的必然结果，形成班级共同体是班级建设的未来走向，为学生的终生教育奠定基础。

第三节　整合班级教育积极因素是未来教育的基石

一、体验团队共赢力量

通过研究大雁的团队精神，学生们、老师们、家长们体验到团队的力量远远大于一个优秀人才的力量，因此，每一名班级雁队成员应将自己的聪明才智融入班级的发展中，与团队一起赢得成功。

二、形成立体文化结构

"五立"雁文化有角度、有层次，形成了一个立体的文化结构，可以为以后的雁文化深入发展提供路线支持。相信"五立"雁文化不仅可以让学生在当下学有所得，同时，也响应教科文组织提出的终生教育的理念，使学生受用终生。

三、构建高效家校模式

依托"五立"雁文化，形成家校之间纵向延伸、家长之间横向延伸的"雁阵"经纬合力教育体系，营建了一支目标明确、理念一致、互帮互助的家长团队，构建了高效的家校协作模式，进而殷实班级建设，促班级育人走内涵发展之路。

参考文献

［1］张金洋.大雁精神［M］.北京:中国纺织出版社,2006.

［2］葛亮.大雁精神［M］.北京:华夏出版社,2008.

［3］魏书生.班主任工作漫谈［M］.桂林:漓江出版社,2008.

［4］王洪明.班级变革:框架与路径［M］.上海:上海三联书店,2015.

［5］克里斯蒂娜·考弗曼.团队核能:行动版［M］.范海滨,译.北京:北京联合出版公司,2016.

［6］潘建林.团队建设与管理实务［M］.北京:机械工业出版社,2018.

［7］林昆辉.小团队动力心理学［M］.北京:电子工业出版社,2016.

［8］伊里奇.哈佛的教育智慧［M］.北京:中国人口出版社,2009.

［9］徐丽颖.生命教育［M］.北京:电子工业出版社,2011.

［10］塞缪尔·斯迈尔斯.品格的力量［M］.柏雅,译.北京:时事出版社,2015.